KB190209

불교에 관한
사소하지만
결정적인 물음
49

일러두기

• 이 책의 내용은 「불교신문」에 지난 2015년 한 해 동안 연재된 '불교, 묻고 답하다'를 수
  정·보완한 것입니다.
• 불교에 관한 사소하지만 결정적인 물음 49가지에 대해 설명한 것으로, 순서에 관계없이
  평소 궁금했던 주제부터 찾아 읽어도 됩니다.

어디다 대놓고 묻기 애매한

불교에 관한
사소하지만 결정적인 물음
49

장웅연 글 | 니나킴 그림

담앤북스

저자의 말

2015년 「불교신문」에 '불교, 묻고 답하다'란 문패로 1년간 연재했던 원고를 수정하고 보완한 글이다. 기획 의도는 책의 제목이 말해주고 있다. 불교와 가까워지다 보면 생길 수 있는 여러 궁금증에 대해 나름의 해답을 내놓았다. 각종 경전과 불서를 참고했고 인터넷도 수없이 검색했다. 기자 생활을 하면서 얻은 인맥들에 전화도 숱하게 돌렸다. 질문을 그럴싸하게 설계하는 일도 만만치 않았다. 필요하다면 누구의 머리든 빌렸다.

꽤나 긴 세월 불교계에 몸담았다. 본문은 그간에 쌓은 견문見聞의 결과다. 직장인이 느낄 법한 재미와 보람 이상의 무언가를 취하고픈 욕심에, 또다시 시간을 들이고 생각을 짜냈다. 불자들의 신행 활동에 유익할 만한 내용을 담으려 나름 애썼다. 불교와 무관한 사람들도 심심풀이로 삼을 수 있도록 했다. 정보가 취약하다 싶은 부분은 글발로 메꿨다. 단순히 지식의 채집이 아니라 지혜의 탐색이길 원했다.

'담앤북스'와는 『눈부시지만, 가짜』에 이어 두 번째 인연이다. 망극하게도 또 받아주셨다. 귀인들의 도움과 저술에 대한 집착으로 10년 만에 8권을 낸다. 어느새 글쓰기가 노동이자 취미이자 습관이자 유일한 생계의 기술이 돼 버렸다. 이것 말고는 먹고 살 도리가 없다. 밥벌이의 기진함과 억울함을 곁에서 달래주는 아내에게 늘 감사한다. 오활한 목숨이 언제까지 이어질지는 알 수 없으나, 마지막에도 무언가를 쓰고 있을 것 같다.

2016년 가을
장웅연

차례

01

불교에서는
신神을 믿지 않는다고?

연말이면 지상파 방송사들은 각종 시상식을 거행한다. 그 자리에서 1년 동안 자사自社를 빛낸 연예인들을 치하하고 보상한다. 2014년에는 독실한 불자로 알려진 중견 탤런트 김혜옥 씨도 공로를 인정받았다. MBC 연기대상 여자 부문 황금연기상. 상패와 꽃다발을 거머쥔 그녀는 연단에 올라 방청객과 시청자에게 인사를 전했다. 소감의 마지막이 유달랐다. "부처님의 가르침에 감사합니다."

한국 사회를 움직이는 저력 가운데 하나가 보수 개신교라는 걸, 알 만한 사람은 다 안다. 해방 이후 미美 군정의 후원 속에 추진력과 조직력을 쌓았다. 교육과 복지에서 탁월한 성과를 냈고, 힘 있는 공직자와 정치인도 많이 냈다. 하여 신흥 귀족을 양성하는 요람인 연예계에도 기독교인이 다수다. 특히 세밑의 쫑파티 생중계에서 분粉 바른 크리스천들의 종교적 정체성은 한껏 꽃을 피운다. 말끝마다 "하나님께 영광을 바친다"는 발언은 각 잡힌 군대를 닮았다. 불교 신자나 딱히 종교가 없는 사람들 입장에서는 마뜩찮고, 혹자는 볼썽사나울 것이다.

그런 맥락에서 공식 석상에서 당당하게 부처님을 불러낸 김씨의 행동은 소수자의 용기라 할 만하다. 물론 그저 불교를 편들어주었다는 이유로 추켜세우는 것은 아니다. '예수님'에 대한 반항 혹은 견제 심리로 '부처님'을 경배하는 배우와 가수는 더러 있다. 다만 단순히 '부처님'이 아니라 '부처님 가르침'이라고 적시한 혜안慧眼에 관해 말하고 싶다. 그녀는 '가르침'이란 단어에 악센트를 줬다.

부처님은 전능하지 않았다. 먹어야 했고 죽기도 했다. '내가 세계를 창조하고 주재한다'고 선언하지 않았고 '나를 믿으라'고 강요하지도 않았다. "아난다여, 내가 비구比丘들을 이끈다거나 내가 승가僧伽를 좌지우지한다고 생각지 말라. 승가의 어떤 문제에 대해 내가 명령을 내린다고 생각하지 말라. 『부처님의 생애』" 부처님은 신성神性에 기대거나 숨지 않았다. 지독할 정도로 이성理性을 추구했다. "소문으로 들린다 해서, 대대로 전해 내려오는 것이라 해서, 남들이 '그렇다고 하더라' 해서, 성전에 써 있다고 해서, 그럴듯하다 해서, 그럴싸한 사람이 한 말이라 해서, 논리적이라서, 심지어 사색으로 얻은 확신이라 해도 그대로 따르지는 말라. 『아함경』"

자등명법등명自燈明法燈明. 부처님의 유훈이자 수행의 핵심을 일러주는 법문이다. 당신이 임종에 이르렀을 때 지근거리에서 모시던 제자 아난다가 최후의 설법을 청했다. 이에 부처님은 "너희들은 저마다 자기 자신을 등불로 삼고 자기를 의지하라. 또한 진리를 등불로 삼고 진리를 의지하라. 이밖에 다른 것에 의지해서는 안 된다"고 당부했다. 이른바 '진리'라는 것도, 자신의 설교가 아니라 사실적이고 객관적인 원리임을 주지시키고 있다. 유언의 요지는 주체적 사유와 판단으로 진리를 검증하고, 검증됐다면 실천하라는 독려다. 부처님의 가치중립적 명칭인 '붓다Buddha'라는 말부터가 '진리를 깨달은 인간'이란 의미다. 그는 신앙으로 추정되는 게 아니라 지성知性으로 입증되는 자다.

●
12

불교는 절대자에 대한 믿음이 아니라 스스로의 성찰로 완성되는 종교다. 결국 '나'로부터 시작되는 걸음이요 울림이다.

"진리를 알지 못해 어리석은 사람에게 생사의 밤길은 길고도 멀다. 잠 못 드는 사람에게 밤은 길고 피곤한 나그네에게 길은 멀 듯이. 『법구경』" 현실은 누구에게나 버겁고 미래는 막막하다. 더구나 죽음이라는 마지막 재앙 앞에서 모든 생명은 비참하고 쓸쓸하다. 그래서 고금을 막론하고 인간은 어떤 초월적인 존재를 설정하고 거기에 미약한 자기를 의탁하려는 습성을 지닌다. 종교는 이렇듯 원초적 불안 심리에서 촉발된 정신문화다. 성직자들은 복잡하고 난해한 상징체계로 그들의 신에게 무궁한 권위를 부여한다. 그리고 신을 무조건적으로 따르는 일에 참된 행복이 있다며 예배와 순종을 재촉하는 구조다.

반면 불교는 신의 길이 아니라 인간의 길이며, 믿음의 길 이전에 슬기의 길이다. 맨땅과 맨발의 역사다. 하늘을 우러러 빛을 구걸하는 삶이 아니라, 바닥부터 끌어올린 힘으로 어둠을 밀어내는 삶이다. 자기주도적 방식으로 깨달음을 구하고 깨달음에 따라 행동할 것을 권하는 종교는 인류사에서 불교가 유일하다. 불교적 관점에서 보면 신이란 인간의 나약과 미망을 먹고 자라는 헛것에 불과하다. 미안하지만, 인간이 신을 창조한 것이다!

6년 고행에 들어가기 전, 총명했으나 아직은 범부凡夫였던 싯다르타는 이렇게 다짐했다. "나는 반드시 붓다가 되리라 짊어진 무거운 짐을 벗어버리듯." 세계는 나의 태어남으로 나타나고 나의 눈뜸으로 비로소 열린다. 나의 고통을 누군가 위로할 순 있어도 대속할 순 없다. 삶은 나만이 견딜 수 있는 업業이요, 내게서만 가능한 복福이다.

불교정화운동의 주역으로 조계종 제2대 종정을 지낸 청담 스님은 "육신肉身은 유한하되 법신法身은 영원하다"는 열반송을 남겼다. 삶의 진면목은 육체가 아니라 정신에 있다는 교훈이다. 한겨울 산골에서 보름을 굶으며 정진했던 인물이고, 새까만 후배에게 뺨을 맞아도 끝까지 인내하며 기어이 설복시켰던 인물이다. 이와 같이 위대한 인생은 위대한 성찰과 단련으로 만들어진다. 부처님은 그의 신분이나 위세나 전설이 아니라, 그의 가르침 때문에 '부처님'이다. 당신이 피를 짜고 뼈를 녹여서 일군 지혜 덕분에 이제껏 불교가 있고, 지금 내가 이렇게 쓰고 있다. 인생의 가치는 얼마나 많은 가치를 남겼느냐로 가늠된다. 얼마나 많은 음식을 축냈느냐가 아니다. 제아무리 '금수저'라도 함부로 다루면 부러지는 법이다.

02

'공空하다'는 건 결국
다 허무하다는 뜻 아닌가?

어느 사찰에서나 법회는 『반야심경般若心經』 독송으로 시작된
다. 『반야심경』은 대승불교의 핵심 개념인 공空 사상의 진수를
담은 책이다. 풀네임Full-name은 『마하반야바라밀다심경摩訶般若波
羅蜜多心經』. '마하'는 '크다', '반야'는 '지혜', '바라밀다'는 '피안彼
岸(저 언덕)으로 간다'는 뜻의 산스크리트(범어梵語)다. 피안은 더
럽고 모진 속세를 일컫는 차안此岸(이쪽 언덕)의 반대말. 종합하
면 '천국에 도달하려면 반드시 알아야 하는 크고 슬기로운 마음
에 관한 경전'쯤 되겠다. 『반야심경』의 첫머리는 다음과 같다.

"관자재보살이 깊은 반야바라밀다를 행할 때, 오온五蘊이 공空한 것을 비추어 보고 온갖 고통에서 벗어나느니라." 공에 대한 통찰이 참다운 행복을 얻는 관건임을 일러주는 대목이다.

알다시피 '공空' 자는 '빌 공'이다. '허공'의 공이고 '허무하다'의 공이다. '비어 있음'이 '덧없음'으로 의역되면서, 불교는 비관적이고 허무주의적인 종교라는 편견을 낳기도 한다. 그러나 명확히 짚으면 불교의 공은 '비어 있다'가 아니라 '실체가 없다'는 의미다. 모든 존재는 고정된 실체로서의 자성自性을 갖지 않는다는 것이다. 오직 인연에 따라 생겨났다가 인연에 의해 사라질 따름이라는 연기緣起와 같은 말이나. 고등학교 윤리 교과서를 통해 배웠던 제행무상諸行無常 또는 제법무아諸法無我와도 맥락이 연결된다. 요컨대 모든 것은 '원래 그런 것'이 아니라 '잠시 그런 것'이라는 가르침이고, 사정이 이러하니 눈앞의 현상에 집착하지 말라는 가르침이 공이다.

"오온이 공하다"는 『반야심경』 구절은 인간의 사고방식에 내재된 필연적인 불완전성에 관한 지적이다. 오온은 색色(대상 세계), 수受(느낌), 상想(표상), 행行(의식 작용의 진행), 식識(분별과 판단)으로 이어지는 인식 구조를 가리킨다. 오온이 공하다는 건 앞서 밝힌 대로 오온에 실체가 없다는 뜻이고, 결국 오온으로 파악한 세상은 각자가 지닌 오온 안에서만 옳을 뿐이다. 예컨대 인간이 바라보는 바다와 물고기가 바라보는 바다는 천양지차다. 인간에게 바다는 오락娛樂으로 가끔 즐기는 구경거리나 유원지에 불과하다. 반면 물고기에게 바다는 결코 떠날 수 없는 삶의 터전이다. 인간에게 육지와 같은 공간이 그들에게는 바다인 셈이다.

세상살이의 해법은 대부분 세상을 어떻게 바라보느냐에 달려 있다. 한여름 무더위에 얼음물을 뒤집어쓰면 훌륭한 피서법이 된다. 그러나 혹한기에 얼음물은 자칫 흉기가 될 수도 있다. 아들에게는 그저 선량하고 인자한 아버지일 뿐인 사람이, 그에게서 괴롭힘을 당한 누군가에게는 당장이라도 죽이고 싶은 악한이다. 이처럼 각자가 처한 상황과 조건에 따라 동일한 사실도 달리 보이게 마련이다. 그리고 상황과 조건에 대한 이해와 존중이 없을 때, 사람은 끊임없이 서로를 오해하고 상대의 성격을 못 견디며 변화를 기다리지 못한다. 피아노 음색이 아무리 아름답다손, 침묵이라는 기반이 조성되지 않으면 소리도 발붙일 곳이 없어진다. 빛은 어둠에 힘입어 비로소 빛이 된다.

티베트의 유명한 학승學僧이었던 총까빠는 고가古家의 비유를 들어 공을 설명했다.

외딴 시골에 오래된 빈집이 있었다. 겨울이면 여행객들이 하룻밤을 묵고 갔다. 그런데 어느 나그네가 그 빈집에 귀신이 산다는 이야기를 들었다. 그럼에도 견딜 수 없는 추위 때문에 어쩔 수 없이 빈집에 발을 들였다. 겨우 자리를 잡고 누웠으나, 귀신이 나타날지도 모른다는 불안감에 밤새 잠을 설쳤다. 그때 또 다른 길손이 들어와 귀신이 사는 곳은 여기가 아니라 다른 빈집이라고 일러주었다. 순간 나그네의 걱정은 눈 녹듯이 사라졌다.

알고 보면 그를 괴롭힌 것은 귀신이 아니라 귀신이 있다는 '생각'이었던 것이다. 김성철 동국대 불교학과 교수가 저술한 『중론, 논리로부터의 해탈 논리에 의한 해탈』에서 발견한 예화다. 김 교수는 "공 사상은 '모든 것은 공하다'는 세계관을 심어주기 위해 등장한 것이 아니라 '모든 것이 실체가 있다'는 착각을 시정해주기 위해 탄생했다"고 적었다. 결국 공을 깨우쳐야 비로소 자유로워진다는 이야기다.

선가禪家에는 '체로금풍體露金風'이라는 말이 있다. 가을날 스산한 바람에 나무가 모든 이파리를 잃어버리고 기어이 자신의 본성을 드러낸다는 뜻이다. 나뭇잎으로 풍성한 여름날의 나무가 색色이라면, 겨울 들녘의 앙상한 나목裸木은 공空이다. 그러나 다시 봄이 오면 헐벗은 나무는 언제 그랬냐는 듯 색으로 불타오를 것임을 안다. 그래서 색즉시공色卽是空이고 공즉시색空卽是色이다. 당장 힘들다고 세상 무너지는 것 아니며, 잠깐 즐겁다고 영원히 즐거울 순 없는 노릇이다. 끝이 곧 시작이고 시작 안에는 이미 끝이 도사리고 있다.

공관空觀은 이러한 '흐름'에 대한 사유다. '이것'에 매몰되면 '저것'에 몽매해지는 법이다. '돌고 돌고 돈다'는 순환의 원리를 내면화하면, 얽매이지 않을 수 있고 오판을 줄일 수 있다. 단순하고 질박하게 사는 자에게 극락은 멀지 않고 심지어 실재한다. 마음에 걸림과 쓰라림이 없을 때다. 전화위복도 새옹지마도 사실상 부처님의 법문이다. '나'를 비움으로써 비로소 나는 완성된다. 그리하여 공의 적절한 실천은 '내려놓음'일 것이다. 모든 것은 사라진다. 그러므로 눈부시다.

03

스님들은
왜 삭발을 하나?

　　운동선수들은 성적이 여의치 않을 때 머리를 짧게 깎고 마음
가짐을 새롭게 다잡는다. 이른바 '삭발 투혼'이 경기력 향상에
영향을 끼치는지는 과학적으로 검증되지 않았다. 다만 '내가 이
만치로 노력하고 있다'는 각오를 널리 알려 '악플'을 조금이나마
줄일 수 있다는 점에서 유익하다. 스님들의 삭발 역시 분별 망
상을 끊고 최상의 깨달음을 얻겠다는 의지의 표현이다. 흡사 마
음속에 들끓는 번뇌처럼, 끊임없이 자라는 머리카락을 승가에
서는 무명초無明草라 부른다. 잡초를 뽑는 심정으로 스님들은 정

수리에 면도날을 가져다 댄다.

스님들의 삭발은 부처님 당시부터 행해진 전통이다. 싯다르타가 출가를 결심하고 왕궁을 빠져나오자마자 맨 먼저 한 일이 머리와 수염을 깎고 사냥꾼과 옷을 바꿔 입은 일이었다. "태자가 이제 수염과 머리를 깎았사오니 일체 번뇌와 죄장罪障을 끊어 주시옵소서. 이에 인드라는 머리칼을 받아 떠나갔으며 허공에서 여러 하늘이 향을 사르고 꽃을 흩으면서 '장하십니다 장하십니다' 찬탄했다. 『과거현재인과경』"

결국 삭발이란 수행자로서의 첫걸음이다. 오늘날에도 마찬가지다. 출가자에게 주어지는 최초의 의무는 삭발이며 파르라니 깎인 머리 앞에 스승은 법명을 선물한다. 새로운 신분과 이름을 받았으니 여태까지와는 다른 삶을 살겠다는 서원인 동시에 그리 하라는 격려다. "보전寶殿에 주인공 꿈만 꾸었더니 무명초 몇 해를 무성했던고. 금강보검 들어 번쩍 깎아 버리니 무한 광명이 대천세계를 비추네. 옴 실전도 만다라 발다야 사바하. 『집도게執刀偈』"

머리카락은 평균적으로 하루에 0.5밀리미터씩 자란다. 보름만 지나도 두발이 지저분해지는 것이다. 그래서 스님들은 통상적으로 한 달에 두 번 삭발한다. 보통 음력 14일이나 29일에 행한다. 삭발은 포살布薩과 관련이 있다. 포살은 대중이 모여 각자가 지난 15일 동안을 돌아보고 허물이 있었으면 참회하는 의식이다. 포살하는 날은 공식적으로 목욕하는 날이기도 하다. 몸과 마음의 때를 씻고 머리를 깨끗하게 밀면서, 결연히 또 다른 보름을 시작한다.

또한 삭발은 불교만의 전통이기도 하다. 불교가 형성될 즈음 인도의 주류 종교였던 브라만교의 성직자들은 머리를 길렀다. 목사도 신부도 그런다. 탈모를 가리기 위한 목적이 아니라면 머리를 일정하게 길러 단정히 하는 것이 원칙이다. 이슬람교를 믿는 남자들은 교주인 마호메트를 본받겠다는 취지에서 수염을 기르는 것이 관행이다. 한편 삭발은 과거부터 죄인이나 천한 신분을 나타내는 표식이기도 했는데, 부처님은 아마도 여기에서 삭발을 수행자의 상징으로 착안했을 가능성이 있다. 인도의 고질적인 신분제인 카스트를 부정하면서 출발한 불교는 만인의 절대적인 평등을 지향한다. 삭발은, 항거다.

그래서인지 부처님은 삭발을 소홀히 하는 비구들을 용납하지 않았다. 초기불교 율장律藏인 『사분율四分律』의 「잡건도품雜揵度品」은 수행자가 사용하는 도구에 대한 규정을 담았다. 수염과 머리를 기르고 심지어 머리에 기름을 바르는 사문沙門(출가자)을 보고 "그렇게 하지 말라"고 꾸짖는 장면이 보인다. 아울러 머리가 긴 비구를 보면 "깎아라. 스스로 깎든지 남을 시켜서 깎든지 하라"며 타일렀다. 『장아함경』에도 수행은 삭발을 통해 비로소 발을 내딛는 것이라는 확신이 나타난다. 부처님은 "출가사문이 되는 것이란 무엇이냐"는 아사세 왕王의 질문에 "수염과 머리를 깎고 삼법의三法衣를 입고 집을 나가 도를 닦는 것"이라고 답했다. '중이 제 머리 못 깎는다'는 속담은 결심의 어려움을 시사한다. 알고 보면 제 머리를 수시로 깎을 줄 알아야, 비로소 스님인 것이다.

04

절에서는
왜 새벽 3시에 기상하나?

템플스테이가 한국인의 대표적인 여가문화로 자리한 지 오래다. 고요한 산사에서 하룻밤을 보내며 스님들의 담백한 삶을 체험하는 일은 세속에 찌든 마음을 닦아주고 달래준다. 다만 먹을거리 푸짐하고 놀이거리 풍족한 도시 생활에 익숙한 일반인이 사찰의 단조롭고도 엄격한 일과를 따라잡기란 녹록치 않다. 아마도 '곤욕'의 백미는 새벽 3시에 일어나 예불禮佛에 참석해야 하는 게 아닐까 싶다. 실제로 당차게 출가했다가 얼마 못 가 중도하차하는 행자行者들의 주된 불만은 지나친 '조기早期 기상'의 어려움이라는 전언이다. 위계질서가 매섭고 일이 고된 것은 그런 대로 참겠는데, 새벽 3시에는 도저히 못 일어나겠다는 지청구다.

사찰의 하루는 새벽 3시부터다. 가장 아랫사람인 행자들이 가장 먼저 일어난다. 다들 곯아떨어져 있을 시간에 눈을 부비며 부산하게 움직인다. 경내를 돌며 목탁 소리로 대중을 깨우는 도량석을 끝낸 뒤 법당으로 들어가 예불을 올린다. 부처님에 대한 문안인사를 마치고 나면 곧바로 공양 준비에 들어간다. 아침을 먹고 나면 늦어도 오전 7시 안짝이다. 이때부터 선방에서는 참선을 하고 강원講院에서는 경전을 공부한다. 대부분의 직장인이 아직 침대에서 뭉그적거릴 시간이다. 이제 막 산문山門에 들어선 이들이 질겁하는 이유를 알 법도 하다.

불교를 만든 부처님은 어땠을까. 일찍 일어나긴 했지만 새벽 3시에 일어나지는 않았다. 『아함경』을 비롯한 초기불교 경전에 따르면 동틀 무렵에 기상해 명상과 산책을 한 뒤 탁발을 나가면서 아침을 보냈다. 당신의 활동 무대였던 인도의 위도상 위치를 감안하면 '동틀 무렵'이란 오전 5시쯤일 것이다. 아울러 율장律藏에도 꼭두새벽에 일어나야 한다는 조목은 보이지 않는다. 사정이 이러하니 '역사적 근거도 없는 데다 생체 리듬에 어긋나는 불합리한 관습'이라며, 사찰의 기상 시간을 공식적으로 늦춰야 한다는 의견이 꾸준히 제기되는 상황이다.

　우리나라와 함께 동아시아 문화권을 형성하는 중국의 역법曆法은 밤 11시~1시를 자시子時, 새벽 1시~3시를 축시丑時, 3시~5시를 인시寅時로 친다. 또한 『주역』은 "하늘은 자시에 열리고 땅은 축시에 열리고 사람은 인시에 생긴다天開於子 地闢於丑 人生於寅"고 했다. 곧 모든 만물이 깨어나고 우주의 기운이 가장 맑은 시간대가 인시라는 주장이다. 이른 새벽에 기상하는 한국불교의 전통은 일단 여기서 비롯된 것으로 보인다. 도교道教의 인시수련寅時修鍊에서도 기원을 찾을 수 있다. 최선을 다해 오래오래 잘 살자는 양생술養生術 개발에 열중한 도사道士들은 "인시에 일어나 묘시에 변을 보고, 진시에 밥을 먹고, 사시에 일을 시작하면 건강에 좋다"며 이를 실천하고 권장했다고 전한다.

　구법승求法僧의 대명사인 현장玄奘 스님은 『대당서역기』에서 인도에서 1시時의 길이는 중국과 같이 지금의 2시간이 아니라 3시간이라고 기록했다. 그렇게 따지면 부처님은 아침 6시에 일어난 것이 된다. '진실'을 알았음에도 천성이 부지런했던 현장은 새벽 3시에 일어나는 자기만의 규칙을 고수했다. 중앙승가대 교수 자현 스님이 쓴 『스님의 비밀』에 나오는 내용이다. 여하튼 동양 철학적 관점에서 인간의 정신이 깨어나는 시간이 새벽 3시인 것 이다.

멀리 갈 것도 없이 어쩌면 농경사회의 흔적이다. 사찰에서는 대략 저녁 9시에 취침에 든다. 일찍 일어나는 만큼 일찍 자기도 하는 것이다. '농자천하지대본'의 시대를 살았던 우리 조상들도 이랬다. 일출과 함께 하루를 시작해 해질녘까지 일하고, 전기가 들어오지 않는 밤에는 잠을 청해야 했다. 결국 스님들의 때 이 른 일상은 그 옛날 백성들의 생체시계를 지금껏 간직하고 있는 셈이다. 한편에서는 새벽 4시부터 6시 사이를 수행에 임해야 하 는 선정시禪定時로 정하고, 준비 시간을 포함해 3시에 일어나야 했다고 하는데 출처가 불명확하다.

밤 문화와 친숙한 도시인들이다. 새벽 3시까지 잠을 자지 않 기는 쉬워도, 그 시간에 일어나기란 엄청난 고역이다. 햇병아리 출가자들의 탄식도 일견 이해가 간다. 반면 아무리 봐도 인내가 빠진 수행은 도통 수행이 아닌 것 같다. "행여 7시에 일어나게 해준다 한들 불평할 사람은 불평하게 마련"이란 게, 30년간 절 에서 지낸 어느 스님의 '할喝'이다.

05

스님들도
결혼할 수 있나?

가수 이선희 씨는 2014년 어느 방송 프로그램에서 아버지가 대처승이었다는 사실을 고백했다. 대처승帶妻僧이란 아내가 있는 스님이다. '토끼의 뿔'이나 '늙은 아이'마냥 비상식적이고 이물스럽다. 불사음계不邪淫戒에 나타나듯, 출가자에게는 혼인은 커녕 성행위 자체가 허용이 안 된다. 그러나 한때는 대처승이 한국불교의 주류였던 시절이 있었다. 일제강점기는 우리에게 수많은 적폐를 안겨다줬다.

승려의 대처는 일본에서 건너온 풍습이다. 다음은 박노자 노르웨이 오슬로대학 한국학과 교수가 2006년 「한겨레21」에 기고한 글의 일부다.

"12세기 이전까지 일본불교는 수행자들의 결혼 생활을 전혀 허락하지 않았으며 그 이후로는 정토종 승려만이 공개적으로 결혼할 수 있었다. 메이지유신 이전의 일본에서는 여성과 동침한 승려를 형사처벌할 수 있었지만 1872년 3월부터 정권은 개신교의 대처 목사를 의식한 듯, 승려에게도 대처를 허락했다."

대처는 한때 누군가에겐 선善이었다. 만해 한용운 스님도 『조선불교유신론』에서 불교 개혁을 위한 방법론으로 대처를 지지했고 또한 실천했다. 여하튼 '생활 불교' 또는 '근대화를 위한 필연적인 산물'이란 명분 아래, 전대미문의 제도는 1926년 사법寺法 개정으로 우리나라에서도 공식화됐다. 육식肉食도 풀어줬다. 쉽게 말해 처자식을 거느려도 스님이었고, 버젓이 술집을 드나들어도 스님이었던 셈이다.

1910년 일본이 한국을 병합한 이후 국가 시스템은 그들의 치하治下로 속속 편입됐다. 종교계도 예외가 아니었다. 1911년

6월 반포된 '사찰령'은 불교계를 겨냥한 족쇄였다. '사찰을 병합, 이전하거나 폐지하고자 할 때는 총독의 허가를 받아야 한다(제1조).' '본산 주지는 총독, 말사 주지는 도장관道長官의 허가를 얻어야 한다(제2조).' 조선총독은 교단의 인사권을 장악함으로써 한국불교를 좌지우지할 수 있게 됐다.

사찰령이 구조의 식민화였다면 대처식육은 의식意識의 식민화였다. 사실 대처식육의 허용은 막강한 재력과 실권을 지닌 본산本山(지금의 교구본사) 주지들의 청원 덕분이었다. 특권층은 당당하게 처첩을 거느렸고 신도들이 시주한 돈으로 자식을 유학 보냈다. 나라의 주인은 일본이었고 친일이 '윤리'였던 시대다. 다음은 국권을 빼앗긴 35년간 한국불교가 얼마나 뒤틀리고 무너졌는지를 단적으로 보여주는 신문 기사다.

"(전략)…그래서 그들 제국주의 일본 지배자들의 뜻에 맞고 눈에 잘 드는 승려들은 주지의 직職에 재임, 3임도 되고 관리를 행사하여 축재蓄財도 할 수 있었다. 이와 같이 제국주의 일본 지배자들의 침략 정책에 이용되고 복종하는 대처승들은 자녀를 키워 학교에서 공부시키고 또 학교에서 졸업하고 나오면 제국주의 일본 지배자들의 관청에 관리로 채용되는 특전을 받게 되므로 생각으로나 행동으로나 제국주의 일본 지배자들의 충신이 되어 왔다. 그러므로 그들 승려들은 불법에 의한 바른 불도는 닦을 겨를도 없이 처자를 부양하고 심지어는 절간에서 음식을 만들어 팔고 장구와 북과 가야금도 구비하여 두고서 기생을 데리고 유흥하러 다니는 유야랑遊冶郞들이 밤낮으로 사찰을 점령하고 난잡하게 놀던 곳으로 되어 왔던 것이다."

_「평화신문」 1955년 1월 26일자

피는 물보다 독하다. 이기주의의 근원 가운데 하나는 딸린 식솔이다. 시내에게 처자식은 쉼터이며 책임이다. 사랑하는 가족을 벌어먹이려면, 가족 아닌 것들로부터 끊임없이 빼앗아야 한다. '대처'는 개인의 사생활에 국한된 문제가 아니었다. 출가자의 속화俗化와 사찰의 사유화를 부추기며 교단을 총체적으로 망가뜨렸다. 해방 후에도 대처승들의 기득권은 유지됐다. 1955년 8월 6일자 「경향신문」의 보도에 따르면 "전국 승려가 8,000명에 달하고 있다는데 비구승은 불과 1,200여 명뿐"이었다. 이에 청정독신淸淨獨身의 전통을 회복하자며 비구승들이 전개한 것이 바로 불교정화운동이다.

1954년 5월 '대처승은 절에서 떠나라'는 이승만 초대 대통령의 유시로 촉발된 정화운동은 비구승과 대처승 간의 치열한 물리적 충돌과 소송전 끝에 1962년 4월 대한불교조계종의 출범으로 열매를 맺었다. 종헌宗憲에는 '승려는 출가 독신자여야 한다'는 조항이 기어이 명시됐다. 권세를 잃은 대처승은 절에서 쫓겨나거나 다른 종단을 만들어서 나갔다. 아버지 때문에 어릴 적 왕따를 당했다는 이선희 씨의 안타까운 사연처럼, 대처승은 현대사의 얼룩으로 남아 있다.

06

스님들은 언제부터
채식을 했나?

긴강과 다이어트 또는 육식에 대한 혐오로 채식을 택하는 사람들이 늘고 있다. 뜯어보면 채식주의자의 종류도 여러 가지다. 얼마나 완전한 채식에 근접해 있느냐에 따라 베지테리언 vegetarian의 등급을 나눈다. 세미semi는 주로 채식을 하되 때때로 육식을 즐긴다. 페스코pesco는 육류는 삼가지만 생선, 달걀, 유제품은 먹는 채식주의자다. 락토-오보lacto-ovo는 유제품과 달걀까지는 스스로 허용하며, 락토는 유제품까지만 섭취한다. 오로지 채소만 씹는 비건vegan은 가장 '독한(?)' 사람들이다.

알다시피 스님들은 모두 원칙적으로 채식주의자다. 불살생不殺生의 계율을 지키기 위해서다. 심지어 채소 중에서도 가리는 식재료가 있는데, 이름하여 '오신채五辛菜'다. 마늘, 파 ,부추, 달래, 홍거로 다들 자극이 강하고 냄새가 심한 점이 특징이다. 마음을 어지럽히고 성욕을 유발하므로 피한다. 한편 홍거는 백합과의 식물로 한국, 일본, 중국 등지에서는 자라지 않는다. 우리나라의 승가에서는 그 대신 양파를 금하고 있다. 사찰 음식에는 오신채를 절대 넣지 않는데, 그럼에도 맛있다.

흥미로운 점은 부처님은 사실 채식주의자가 아니었다는 것이다. 부처님을 비롯한 초기불교 수행자들은 탁발을 통해 음식을 구했다. 음식을 가리지 않았으며 오직 신도들이 주는 대로 먹었다. 외려 고기가 싫다고 발우에서 고기를 빼면 그게 욕먹을 일이었다. 스님에 대한 보시로 공덕功德을 쌓으려는 중생의 성의를 저버리는 행위였던 탓이다. 물론 아무 고기나 먹을 수 있던 것은 아니다. 지혜로운 데다 매사에 주도면밀했던 부처님은 율장에다가 먹어도 되는 고기를 선별해 기입했다.

핵심은 사적인 욕심과 결부되지 않아야 한다는 것이었다. 다음의 세 가지 고기만 제자들에게 허락했다. 하나, 자기를 위하여 죽이지 않은 짐승의 고기. 둘, 자기를 위해 짐승을 죽였다는 말을 남에게서 듣지 않은 고기. 셋, 자기를 위해 죽인 짐승이 아닐까 의심이 들지 않는 고기. 이를 일컬어 삼정육三淨肉이라 한다. 나중에 자연사한 동물의 고기와 새가 뜯어먹고 남은 고기, 이 두 가지를 추가해 오정육五淨肉까지를 인정했다. 단, 코끼리·말·뱀·개의 살점은 오정육이더라도 씹지 못하게 했다. 남방 불교에서는 여전히 유효한 전통이다.

불교에서 육식을 일절 불허한 시기는 대승불교가 확대되면서다. 조계총림 송광사 율학승가대학원장을 지낸 도일 스님은 저서 『불자로 산다는 것』에서 "사람의 생명뿐만 아니라 모든 살아있는 것에 자비심을 가져야 한다는 보살 사상의 영향"이라고 밝혔다. "또한 『열반경』을 위시한 대승의 경전들은 일체의 육식을 금하게 했다"는 설명이다. 보살계에도 '고기를 먹지 말라'는 조목이 있어 불자들의 탐욕과 이기심을 제어하는 상황이다. 『열반경』이 대승불교가 발흥한 기원전 3세기에서 1세기 무렵 사이에 편찬됐음을 감안하면, 승가의 채식주의 역시 그즈음 발효됐으리라 추정된다.

그러나 같은 대승불교권인 티베트에서는 육식이 일상화되어 있다. 땅뙈기 전체가 사막이고 고원이어서, 곡물을 재배하기

스님들은 언제부터
채식주의자가 되었을까?

가 힘들다는 게 주요 원인이다. 반면 중국과 한국에서는 고기를 먹지 않는 풍습이 완연하게 자리를 잡았다. 티베트와는 반대로 농경문화가 정착한 덕분이다. "하루 일하지 않았으면 하루 먹지 말라一日不作 一日不食"는 구절로 유명한 백장청규百丈淸規나 한국에서 모범으로 여겨지는 선농일치禪農一致 가풍에서 보듯, 동아시아 불교에서는 경작耕作이 탁발을 대체했다. 생명체만이 아니라 생활양식도 최적의 삶을 향해 진화하게 마련이다. 다만 생명을 절대적으로 존중해야 한다는 건 변해서는 안 되는 철칙이다.

목사는 목사이고, 신부는 신부인데,
왜 스님만 '님' 자를 붙일까?

'스님'은 스님이다. 집을 떠나 사찰에서 평생을 거주하며, 부처님의 가르침을 부지런히 익히고 행하는 출가수행자를 뜻하는 순우리말이다. 어원에 대해서는 두 가지 설이 있다. 먼저 '스승님'에서 스님이 되었다는 것. 출가자 본인이 자기의 스승을 '사승師僧님'이라고 높여 부르다가, 이게 '스승님'으로 뭉뚝해졌다. 게다가 발음이 불편하니 '승'마저 생략되면서 스님으로 굳어졌다는 추측이다.

특히 청빈과 금욕으로 일관하는 출가수행자의 삶은 누구나 본받을 만한 삶이다. 일반인이 승려를 스님으로 존칭하게 됐다면, 그만큼 예전부터 백성들의 폭넓은 인정과 지지를 얻어 왔음을 유추할 수 있다. 삼국시대와 통일신라를 거쳐 고려시대까지만 해도, 스님들은 중국에서 유학한 엘리트였고 신문물의 전파자였으며 뛰어난 한문학자였다. 유생儒生들이 건국한 조선은 그래서 국가의 오랜 지배층이었던 스님들을 무너뜨려야 했다.

또 다른 설은 '승님'에서 스님이 되었다는 것이다. 승僧이란 출가수행자들이 한곳에 모여 화합하며 수행하는 공동체인 승가僧伽의 줄임말이다. '승'에 존칭 어미 '님' 자를 합해 '승님'이라 하다가 받침 'ㅇ'이 소멸되면서 스님으로 변이됐다는 짐작이다. 스님을 폄하할 목적으로 사용되는 '중'이란 비속어도 본래는 승가 곧 '화합중和合衆'을 일컫는다.

『잡고雜攷』라는 문헌은 "중의 어원은 신라 때 한 마을의 우두머리로서 천신제 등 제사를 주관하던 '차차웅次次雄'이 있었는데, 불교가 전래된 이후 스님들이 그 역할을 대신하면서 '차차웅 → 자웅 → ㅈ+웅 → 중'이 되었다"는 변천사를 소개하고 있다. '중'이라는 단어의 표면은 볼썽사납지만, 내면에는 스님의 위상과 영향력을 품고 있다는 점이 자못 얄궂다.

한편 이웃종교 성직자인 목사, 신부, 교무(원불교) 등과는 달리 유일하게 '님' 자가 붙는 점이 눈길을 끈다. 그리고 이 대목에서 심심찮게 갑론을박이 일어난다. "존칭 어미 때문에 신문과 같은 공식적이고 객관적인 기록물에는 스님이란 표현을 쓰는 것이 적절치 않다"는 문제 제기다. 종교 간의 형평성을 고려해 '스님' 대신 '승려'라고 써야 옳다는 논리에는 눈에 불이 켜져 있다.

실제 일부 언론에서는 '○○○ 추기경'이나 '○○○ 목사'처럼, 스님의 법명을 앞세우고 직함을 뒤로 돌려서 표기하는 경우가 간혹 보인다. '○○ 종정' '○○ 총무원장' 하는 식이다. 다종교 사회이고 그리하여 종교를 균형적으로 다루기 위한 방책일 수 있겠으나, 불자들의 시선에서는 불교를 깎아내리기 위한 꼼수라는 느낌을 지우기 어렵다. '님'에 대한 거부 반응은 인터넷에도 나타난다. 종단이나 스님이 불미스러운 일에 연루돼 세간의 입방아에 오를 때, 네티즌들은 댓글에서 '님'을 빼고 '○○스'라며 조롱하기도 한다.

물론 승려僧侶조차 부정적인 뜻을 가진 낱말은 아니다. '짝려' 자를 쓰는 데서 보듯, 승가와 비슷한 말이다. 말하자면 '스님들'이다. 이와 함께 부처님 당시의 언어인 빨리어 'samana'를 한문으로 음역한 사문沙門도 출가수행자를 이르는 별칭이다. '누더기 옷을 입은 사람'이란 뜻인 '납자衲子' 역시 선원禪院을 중심으로 통용된다. 여하튼 '스님'이란 단어를 사회 전체 구성원이 별다른 불만 없이 사용하고 있는데, 억지로 바꾸려는 시도가 과연 사리에 맞는가 싶다.

더구나 한걸음 양보해서 승려와 같이 이른바 가치중립적인 표현을 썼다가는 외려 역차별이 될 수 있다는 반론도 있다. 신규탁 연세대 철학과 교수는 "목사의 '사師(스승 사)'나 신부의 '부父(아버지 부)'에 이미 존칭이 함축되어 있지 않느냐"며 "다만 한 자어여서 의미가 겉으로 확연하게 드러나지 않을 뿐"이라고 말했다. 김한수 「조선일보」 종교전문기자의 생각도 이와 일치한다. "만약 종교 간 평등을 실현하겠다고 스님과 똑같이 '목사님' '신부님'이라고 공식적으로 표기하게 되면, 민망한 어감은 차치하더라도 사실상 '님' '님'으로 존칭이 중복되는 오류가 발생한다"는 것이다.

서양도 마찬가지다. 미국인에게도 스님은 '스님'이다. 서울대 미학과에서 박사학위를 받은 뒤 미국에서 박사후後 과정을 밟은 전前 조계종 교육아사리 명법 스님은 "영어권 국가에서도 '존경받을 만한 자리에 있다'는 맥락에서 목사는 주로 '레버러블

reverable', 스님은 주로 '베너러블venerable'이란 호칭을 덧붙여 예를 표한다"고 전했다. 그래서 영어 약자 'Ven.'은 서구에서 스님을 뜻하는 접두사다. 어느 나라든 성직자는 공경의 대상이다. 단지 우리나라에서만 순우리말과 한자어의 뉘앙스 차이로 공연한 논란이 불거진다고 볼 수 있다.

언어의 핵심 가운데 하나는 사회성이다. 결론적으로 '스님'은 엄연히 국어사전에 등재된 보통명사다. 불교계만이 아니라 모든 국민이 자연스럽게 듣고 말하는 단어다. "언어는 개인이 함부로 바꿀 수도 없앨 수도 없는 공용물이며 그것은 사회 구성원 간의 약속으로 맺어진 것이다." 언어학의 아버지라는 페르디낭 드 소쉬르의 말이다. '스님'을 대체할 낱말을 찾으려는 노력은, 어떤 측면에서 반사회적 행위인 셈이다.

08

부처님은 원래부터
곱슬머리였나?

알다시피 스님들은 삭발을 한다. 불교에서는 머리카락을 무명초라 하여 번뇌의 상징으로 여긴다. 자기의 의지와는 무관하게 들불처럼 떠오르는 잡념을 머리카락에 대입한 것이다. 곧 스님들이 말끔히 깎는 머리는, 생명으로서의 본능과 세속적 명리名利에 대한 관심을 끊고 오직 수행에만 몰입하겠다는 다짐의 표현이다. 『비니모경』에는 "머리를 깎는 이유는 교만을 제거하고 스스로의 마음을 믿기 위함이다"라고 적혔다.

수행자의 삭발은 보편적이다. 불교를 창시한 부처님 역시 출가를 하면서 맨 먼저 칼로 머리카락과 수염을 잘랐다. 이어 사냥꾼과 옷을 바꿔 입으면서 왕자로서의 권위와 기득권을 내려놓았다. 그런데 퍽이나 이상한 것은 부처님의 모습을 형상화한 불상佛像의 두부頭部에는 머리카락이 있다는 점이다. 게다가 아주 풍성한 곱슬머리다. 불상의 '나발螺髮'은 불상이 처음으로 조성되던 당시의 시대적 상황과 연관이 깊다.

부처님이 열반한 직후 예경禮敬의 대상은 불상이 아니라 불탑이었다. 부처님의 시신을 다비하자 수많은 사리舍利가 나왔다. 제자들이 사리를 땅에 묻고 그 위에 조성한 탑은 부처님의 육신을 대체했다. 부처님의 몸이 남아 있으니 굳이 다른 몸을 만들 필요가 없었던 셈이다. 그즈음엔 부처님의 발자국, 곧 불족적佛足跡 앞에서 기도하는 이도 많았다.

부처님의 몸에서는 무려 8섬 4말(약 700킬로그램)의 사리가 나왔다고 한다. 그러나 세월이 흐르면서 자연스레 흩어지고 유실되고 빼돌려졌을 것이다. 결국 탑 안에 묻을 사리가 부족해졌을 테고 더군다나 그리워 마지않는 부처님의 얼굴도 가물가물해졌을 터이다. 불상이 등장한 때는 부처님이 입멸한 후 500여 년이 지나서다. 최초의 불상은 인도 서북부 간다라 지방과 북부

마투라 지방에서 거의 비슷한 시기에 만들어졌다.

마투라 불상은 전형적인 인도인의 모습을 띠고 있다. 반면 간다라 불상의 외양은 유러피언에 가깝다. 그리스 헬레니즘 문화의 영향으로 아테네 신전의 신상을 본떠 제작했다는 게 정설이다. 그리스의 변방 마케도니아 출신으로 그리스를 통일한 알렉산더 대왕은 내처 동쪽의 페르시아까지 점령하며 대제국을 건설했다. 헬레니즘은 그의 동방 원정 이후 발생한 문명융합 현상이다. 통일로든 정복으로든 두 나라가 합쳐지면 쌍방 국민의 삶도 뒤섞이게 마련이다. 이러한 사정으로 소크라테스나 플라톤의 석고상처럼, 불상도 본의 아니게 '파마머리'를 갖게 됐다는 추측이다.

그렇다면 왜 유독 간다라 지방에서 서구화된 불상이 나타난 것일까. 답은 간명하다. 이곳이 한때 그리스인의 영토였기 때문이다. 기원전 3세기 지금의 아프가니스탄 북쪽에 박트리아 왕국이 성립됐다. 아시아로 이주한 그리스인이 만든 나라다. 100여 년 뒤 박트리아 왕국은 힌두쿠시 산맥을 넘어 간다라를 침공했다. 이렇게 간다라를 차지한 이가 메난드로스 왕±인데, 바로 불교 경전에도 나오는 '밀린다 왕'이다. 그는 훗날 중인도의 나가세나 스님을 접견하고 불교 신자가 되었다. 『밀린다왕문경』은 예리한 질문으로 스님들을 당황케 하던 메난드로스 왕이 나가세나의 완벽한 논리에 마침내 설득당하는 내용이다.

메난드로스의 불교 귀의는 사실 대단한 사건이다. 인도나 아시아가 아닌, 유럽의 그리스 출신 임금이 불자가 된 것이니까. 게다가 독실했다. 그의 얼굴을 조각한 주화에는 불교의 삼보三寶도 함께 새겨졌다. 죽은 뒤에는 나라 곳곳에 자신을 위한 탑을 건립해, 자신의 뼈를 나눠 보관하라는 유언을 남겼다고 전한다. 플루타르코스가 저술한 『영웅전』에 소개된 이야기다. 한편으로는 탑의 조성이 불교만의 전유물이 아니라, 당대 권력자들의 취미였음을 미루어 헤아릴 수 있는 대목이다. 살아서는 왕 죽어서는 신神이 되고 싶었던.

간다라 지역은 오늘날 파키스탄의 라왈핀디와 페샤와르 그리고 아프가니스탄의 수도인 카불을 포함한 인도의 펀자브 지방 일대를 가리킨다. 준나르 석굴에는 펀자브에서 온 그리스인 무역상이 불상을 모신 흔적이 있다. 나시크 굴에도 부모를 위해 모든 부처에게 공양한다는 글귀가 새겨져 있는데, 그리스식 이름이 보인다는 전언이다. 메난드로스뿐만 아니라 박트리아 국민들도 불교를 믿었던 모양이다. 결국 간다라 불상에는 서양인

과의 형태적 유사성을 넘어 그리스인의 신심信心도 깃들어 있다
고 말할 수 있다.

　달마가 동쪽으로 올 때, 불교의 모든 것도 동쪽으로 왔다. 경
주 불국사 석굴암의 본존불상은 간다라 불상의 한국적 변용으
로 익히 알려져 있다. 간다라 불상이 동아시아에서 자리를 잡게
된 데에는 뛰어난 조형미가 한몫했다. 인체를 매우 섬세하게 표
현하면서 현실감을 살려낸 기술이 압도적이다. 간다라 불상은
동북아시아의 중국과 한국, 일본으로 전래되면서 불상의 일반
적인 형태로 정착했다. 이왕이면 다홍치마. 가장 아름다운 부처
님이 최고의 부처님으로 간택된 것 아닐까 싶다.

09

중도中道는
중간을 뜻하는 말인가?

지난해 어느 케이블TV 채널에서 '눈치왕'이란 제목의 예능 프로그램을 방영했다. 이런저런 게임으로 우승자를 가리는 방식이었다. 시청자에게 익숙한 이른바 '서바이벌 버라이어티'였는데, 각각의 겨루기에서 1등도 꼴찌도 아닌 오직 중간에 든 사람만 살아남도록 하는 형식이 독특했다. 무한경쟁 사회에서는 모름지기 '튀지 않아야' 자리를 보전한다는 세태를 반영하는, 시쳇말로 '웃픈' 설정이었다.

정치판도 매한가지다. 우파에도 좌파에도 속하지 않는 중도

노선을 표방하는 정당이 나오게 마련이다. 정치에 무관심하거나 염증을 내는 부동층의 마음을 얻어서 반사이익을 노리겠다는 속셈이다. 이렇듯 중도中道라는 말은 일반적으로 중간이란 뜻으로 통용된다. 이런 사정으로 불교의 핵심 가치 가운데 하나인 중도 역시 '중간만 가라'는 훈수로 받아들이기 쉽다. 결론부터 말하자면 반은 맞고 반은 틀린 이해다.

부처님은 "쾌락과 고행의 두 극단을 떠나지 못한 수행에는 진정한 깨달음의 결실이 있을 수 없다"고 말했다. 출가 후 6년 동안 당시 전통에 따라 고행에 매진하던 부처님은 육체를 괴롭히는 게 능사가 아니란 걸 깨우쳤다. 이후 보리수나무 그늘 아래서 몸을 쉬면서 선정禪定에 몰입한 끝에 비로소 무상정각無上正覺을 얻었다. 당신이 깨닫게 된 결정적 계기는 노력이 아니라 휴식이었던 셈이다.

중도는 중간을 넘어 세계의 실상實相을 따르는 길이다. 이것에도 저것에도 현혹되지 않는 길이며 한쪽으로 치우친 생각과 거리를 두는 길이다. 근현대 한국불교에서 가장 유명한 고승인 성철 스님(1912~1993)은 '백일법문百日法門'을 통해 불교 대중화의 서막을 열었다. 아울러 백일법문의 백미는 중도 법문이다.

성철 스님은 "중도는 중간이 아니다"라고 일갈했다. "중도라는 것은 모순 대립된 양변인 생生과 멸滅이 서로 융화하여 생이 멸이고 멸이 생이 되어 버리는 것을 말한다"며 물과 얼음의 비유를 들었다. 예컨대 물이 얼어서 얼음이 됐다고 물이 사라진 것은 아니다. 다만 '얾'라는 인연에 따라 얼음으로 나타났을 뿐이다. 고정되지 않고 끊임없이 변하는 것이 바로 실상이다. 날씨가 풀리면 얼음은 다시 물이 되고 다시 추워지면 또 얼음이 된다. 결국 얼음이 물이고 물이 얼음이다.

곧 중도의 삶이란 사물의 이면을 볼 줄 아는 삶이며 균형을 유지할 줄 아는 삶이다. 무상無常과 무아無我의 원리에 충실한 삶이다. 모든 것은 변화함을 알기에, 과거를 못내 아쉬워하거나 미래를 지레 걱정하기보다는 주어진 현재에 최선을 다하는 일이다. 또한 독립된 내가 없음을 알기에, '나'를 고집하지 않는 일이다. 하지만 존재의 '반쪽'만 보는 사람들은 시끄럽고 매몰차다. 눈에 보이는 게 전부가 아니건만, 제 눈에 들지 않으면 발악을 하는 게 중생이다. 얼음을 녹일 생각은 않은 채 물이 없다고 절망하거나 남의 물을 빼앗는다.

반면 전체를 조망하는 이의 마음은 여유롭고 풍요롭다. 성철 스님 아래서 공부한 조계종 원로의원 고우 스님은 중도를 통찰하면서 다음의 네 가지를 깨달았다고 털어놨다. 타인과 나를 비교하지 않게 됐고, 내가 하는 일의 가치에 확신을 갖게 됐고, 자주적인 사람이 됐고, 소통하는 사람이 됐다는 것이다. 내가 있는 그대로 부처인 만큼 남도 있는 그대로 부처라는 성찰에서, 자기 자신에 대한 긍정과 진정한 배려심이 생긴다는 교훈이다. 산이 있으면 물이 있고 낮이 있으면 밤이 있다. 낮은 낮대로 아름답고 밤은 밤대로 그윽하다.

얼음이 물이 될 것을 도통 기다릴 줄 모르는 '얼음 왕국'이고, 다들 죽겠다는 '헬조선'이다. 중도는 희망의 길이기도 하다. 조계종 포교원 포교연구실장 원철 스님의 저서 『집으로 가는 길은 어디서라도 멀지 않다』에는 중도의 관점이 여실히 드러난다. "겨울 준비로 김장을 했다. 배추걷이가 끝난 횡한 빈 산밭을 바라보며 자연스럽게 한 해를 마무리한다. 배추로서는 아름다운 마무리겠지만, 김치로서는 새로운 시작이다."
배추가 김치로서 새로운 삶을 이어가듯, 나무가 죽으면 흙으로 '소생'한다. 요컨대 중도 법문은 길이 막혔다고 실망하지 말고 길이 훤하다고 자만하지 말아야 함을 가르친다. 언젠가는 막히고 기어이 뚫리는 법이니까. 내리막은 오르막을 견딘 자에게만 주어진다. "끝날 때까지는 끝난 게 아니다." 요기 베라가 남긴 야구계의 명언도 일견 부처님 말씀 같다. 다르게 보면 제대로 보인다.

10

사리는
왜 생기나?

대한불교조계종 제6·7대 종정을 지낸 성철 스님이 1993년 11월 원적에 들자 전 국민적인 추모 열기가 일어났다. 평생을 청정하고 강직한 선승으로 일관한 삶은 탐욕에 허덕이는 세인들의 귀감이 됐다. '산은 산이요 물은 물'이라는, 지극히 담백해서 신비했던 법어는 유행어처럼 번졌다. 스님의 법구法樞를 다비했을 때 세간은 또 한번 놀랐다. 무려 100여 과顆의 사리가 수습된 것이다. 스님의 사리는 오늘날 당신이 주석했던 합천 해인사 경내에 탑으로 모셔져 있다.

사리舍利는 산스크리트 'sarira'의 음차音差다. 본래 부처님의 유골을 뜻하는 말이었다. 부처님의 완전무결한 지혜와 그 자취인 경전經典을 가리키기도 한다. 성철 스님과 같이 입적한 고승高僧의 시신을 불에 태우면 나오는 구슬 모양의 물질도 사리라고 불린다. '몸에서 사리가 나오겠다'는 푸념은 '암에 걸리겠다'는 시쳇말과 함께 지독한 인내를 뜻하는 관용구가 되었다. 사리는 빛깔이 영롱하고 오묘한 데다 오래도록 수행한 스님의 몸에서만 나오는 것으로 인식되면서, 불교계에서는 그만큼 신비롭고 신성하게 받아들인다.

가장 위대한 사리는 부처님의 사리다. 부처님이 열반하자 몸에서 8섬하고도 4말이 나왔다는 기록이 전한다. 쌀 한 섬의 무게가 대략 80킬로그램이고 말은 그것의 10분의 1이니, 어림잡아도 700킬로그램에 가까운 엄청난 양이다. 이들을 세계 각지의 땅에 묻고 기념비를 세운 것이 오늘날 탑의 유래다. 우리나라에도 부처님의 진짜 몸에서 나온 사리, 곧 진신사리眞身舍利가 봉안됐다. 양산 통도사, 인제 봉정암, 평창 상원사, 영월 법흥사, 정선 정암사에 묻혀 있는데 이들을 합쳐서 이른바 5대 적멸보궁寂滅寶宮이라 한다. 부처님의 육신을 실제로 모시고 있다는 사실 또는 긍지에서, 진신사리를 모신 절에는 별도의 불상을 두

舍利
지독한 인내

지 않는다.

사리가 상서롭게 여겨지는 까닭은 그 모양과 출처뿐만 아니라 내막 때문이기도 하다. 사리가 왜 생기는지… 아무도 정확히는 모른다. 여러 가지 논쟁이 있으나 아직 '이것이다!'라고 딱 잘라 말할 수 없는 상태다. 더구나 스님만이 아니라 일반인도 사리를 남긴다. 어느 노파의 몸을 화장하자 사리가 나온 사례가 있고 심지어 동물에게서도 발견된 적이 있다. 1996년 1월 가수 김광석의 주검에서도 사리가 9과나 나와 세상을 놀라게 했다. 그는 희대의 가객이자 불교방송 진행자였다. 반면 누구나 고승으로 인정하는 스님임에도 시신에서 사리가 보이지 않는 일이 적지 않으니, 실로 미묘한 문제다.

뼈 그리고 화장火葬에 쓰이는 장작 성분이 고열에서 반응하여 얻어지는 결정結晶이 사리라는 것이 통상적인 추측이다. 예컨대 최고의 도자기로 평가되는 본차이나는 소의 뼈와 장석, 카올리나이트kaolinite(고령석)를 고온에 구워 만든다. 이러한 짐작은 '뜨거운' 혹은 '가열찬' 고행을 오래한 사람들에게서 사리가 많이 나온다는 가설을 뒷받침한다. 몇몇 스님들은 정좌한 채 몇 년씩 움직이지 않고 심지어 절대 눕지 않는 장좌불와長坐不臥까지 감행한다. 결국 영양 상태도 좋지 않고 신진대사가 원활할 수 없으므로 사리가 생성되기 쉽다는 게 일부 의학계의 의견이다.

작정하고 분석한 일도 있었다. 1995년 인하대학교 연구팀이 사리의 성분을 조사했고 그 결과가 언론에 보도됐다. 전체적으로 뼈와 유사하지만 프로트악티늄과 리튬, 티타늄 등의 광물질이 섞여 있었다. 아울러 사리의 위상을 애써 폄하하려는 쪽에서 주장하는 '담석'이나 '결석'과는 형질이 다르다는 점도 밝혀졌다. 무엇보다 경도가 압권이었다. 사리는 1만5,000파운드의 압력에서 부서졌다. 1만2,000파운드에서 부서지는 강철보다 단단하다는 게 입증된 것이다. 오랜 금욕 생활로 정액이 축적된 것이라는 키득거림은 사실무근이다.

정리하자면 사리의 정체는 현재까지 오리무중이다. 상당한 가치가 있지만, 그렇다고 맹목적으로 신봉할 만한 근거도 희박하다. 백련불교문화재단 이사장 원택 스님은 성철 스님의 영원한 시자侍者를 자임하며 그 유지를 계승하는 사업에 매진하고 있다. 스승에게서 나온 수많은 사리를 직접 목격했으면서도 의연하다. "사리는 불교의 자랑스러운 전통이자 소중한 유산인 건 분명하다"면서도 "불교의 진면목은 부처님의 말씀을 바르게 이해하고 실천하는 데에 있다"고 선을 그었다. "사리에 대한 잘못된 맹신과 그를 이용하려는 상혼商魂은 경계해야 한다"는 지적이다.

객관적으로 말하면 사리는 부처님 그 자체가 아니라, 부처님이 남기고 간, 어쩌면 버리고 간 육신의 흔적일 뿐이다. 그래서 이른바 '사리 친견親見'은, 부처님의 시체를 구경하는 일에 지나지 않을 수 있다. 사람의 인격은 외모가 아니라 행실에서 드러나는 법이다. "상相이 상相이 아님을 보면 진실로 여래를 보리라"는 『금강경』의 구절이 새삼 무겁게 다가온다.

11

절에서는 왜 여성을 '보살님'이라고 부를까?

보살菩薩은 대승불교에서 지향하는 이상적인 인간상이다. 스스로 깨달음을 추구하고 깨달음을 통해 얻은 자비를 남에게 베푸는 자를 가리킨다. 보리살타菩提薩陀의 준말이며, 산스크리트 보디 사트바bodhisattva의 한역漢譯이다. 불교에서 말하는 최고의 지혜는 공空에 대한 통찰이다. 그리고 자비는 공을 내면화한 상태이자 행위이다. 부산 정해학당 원장 오경 스님은 "보살은 '자아'가 아니라 '사실'에 입각해 사는 사람"이라고 말했다. 나를 높이려는 마음이 도리어 나를 무너뜨리는 법이다. 많이 봐왔고 많이 겪었다.

그러므로 보살이란 원수도 사랑할 수 있는 자이며 지옥에서도 만족할 수 있는 자이다. 물론 깨달음을 향한 길은 험하고 지난하다. 완전한 자비는 '자아'라는 욕심과 자존심을 통째로 내려놓을 때에야 가능하다. 곧 보살이 되기란 몹시 어려우며, 주변에서 목격하기도 아주 드문 일이다. 하지만 적어도 절에서만큼은 '보살'을 쉽게 발견할 수 있다. 오래전부터 여성 신도를 지칭하는 대명사로 쓰이고 있기 때문이다.

용수龍樹는 대승불교의 논리적 토대를 닦은 『중론中論』을 썼고, 세친世親은 『중론』을 계승해 유식학唯識學을 완성했다. 그리하여 '용수 보살'이나 '세친 보살'처럼 불교사에 위대한 족적을 남긴 스님들을 보살이라고 높여 이르는 경우는 있다. 과거 중국이나 일본에서는 훌륭한 고승에게 국가 차원에서 '보살'이란 칭호를 하사하기도 했다. 오늘날 남성 신도는 흔히 거사居士나 처사處士라고 부른다. 말 그대로 '세속에서 머무는 사람'이란 뜻으로 가치중립적이다. 반면 여성 신도에 대한 보살이란 호칭은, 어찌 된 영문인지 평범한 아줌마들을 성인聖人의 반열에 올려놓은 셈이다. 평신도에게 보살이란 극존칭을 '남발(?)'하는 일은 우리나라에서만 보이는 독특한 관습이다.

이에 관해서는 몇 가지 설이 있다. 여신도의 두터운 신심信心

에서 단서를 찾기도 하고, 관세음보살의 여성화를 연원으로 짐작하기도 한다. 특히 구체적인 역사적 배경을 지닌 주장이 눈길을 끈다. 1950년대 대처승으로 대변되는 왜색倭色 불교 척결과 청정비구승 전통의 복원을 내건 불교정화운동은 오늘날 대한불교조계종의 단초이자 한국 현대불교사의 분기점이었다. 이때 불교의 정통성 회복에 대한 여성 신도들의 지지와 성원이 거사의 성공에 상당한 기여를 했다. 이후 이들의 역할을 높이 평가해 '보사保寺님(사찰을 보호하다)'으로 부르자는 의견이 비구 스님들 사이에서 나왔다는 전언이다. 그리고 '보사님'이 '보살님'으로 말랑해지면서 지금껏 통용되고 있다는 추측이다.

이에 반해 불교정화운동 때보다 훨씬 앞선 구한말이나 일제 강점기에 일반화됐다는 의견도 보인다. 실제로 1930~40년대에 출가한 스님들에게 문의하면, 이미 그때에도 '보살님'이란 표현이 자연스러웠다고 증언한다. 한걸음 나아가 조선시대부터 그랬다는 견해도 설득력을 갖는다. 경주 불국사 회주 성타 스님은 1958년 통도사 강원에서 공부하던 시절 강주講主였던 운허 스님(전 동국역경원장)의 설명을 똑똑히 기억한다. "알다시피 조선 왕조의 억불 정책으로 불교는 고사 위기에 놓였다. 임금과 벼슬아치는 말할 것도 없고 시정잡배들조차 무시했다. 그때 불교를 돕던 유일한 부류는 여염집의 아낙네들이었다. 지극정성으로 공양을 올리고 국가에 의해 공식적으로 천대받는 스님들을 스승으로 극진히 섬겼다. 아무도 대접해주지 않는 상황에서 사실상 그들이 불교의 명맥을 이어주었으니, 보살이라 존대할 값어치는 충분했다"는 게 운허 스님의 확신이었단다.

더불어 1892년 부산 범어사에서 열린 기록이 보이는 등 20세기에 즈음해 전국 사찰에서 보살계 수계 법회가 성행했는데, 보살계를 받은 신도들에 한해 보살이라 불렀다고 한다. 당시의 보살계 법회에도 오늘날의 풍경과 같이 여성들이 압도적으로 많았을 법하다. 보살계 법회에서 보살이란 호칭의 유래를 추정하는 근거다. 어쩌면 보살이란 음절이 지닌 여성적 뉘앙스도 한몫했을 것이다.

수많은 불교 경전에서 그려지는 보살은 하나같이 자비의 화신이다. 남자보다 월등히 절을 자주 찾아 시주를 하고 스님을 받드는 여신도들의 모습에서는 응당 보살이 연상된다. 2001년 발간한 『왕초보 불교박사 되다』란 책에서 보살의 어원을 풀이한 윤창화 민족사 대표는 "조선시대가 기원이었다는 주장에 공감한다"며 "부처님을 극진히 믿고 사찰에 보시를 아끼지 않은 것에 대한 감사의 표현이라 볼 수 있다"고 밝혔다. 보살은, 엄마다.

12

무소유, 정말 아무것도
갖지 말아야 하나?

불교계 최고의 베스트셀러를 꼽으라면 아마도 법정 스님의
『무소유』일 것이다. 혜민 스님의 『멈추면 비로소 보이는 것들』
이 1위 자리를 갈아 치운 것도 같지만. 아무튼 숨어 사는 산승이
풀어낸 청빈과 절욕의 법문은 수많은 독자에게 축복이고 귀감이
었다. 담백한 문체도 주효했다. 알다시피 법정 스님은 유언으로
"더 이상 말빚을 지기 싫다"며 자신의 저작에 대한 절판을 지시
했다. '무소유'마저도 '소유'하려는 장사꾼들을 향한 일침으로 읽
힌다.

무소유無所有는 문자 그대로 옮기면 소유하지 말라는 의미다. 물론 아무것도 갖지 않는다는 건 불가능하다. 스님 역시 "무소유란 아무것도 갖지 않는다는 것이 아니라 불필요한 것을 갖지 않는다는 뜻"이라고 명시했다. 당신은 자족과 절제로 얻어지는 심리적 상태를 '맑은 가난' 또는 '텅 빈 충만'이라고 바꿔 부르기도 했다. '무소유'라는 제목은 출판사의 과장일 공산이 큰데, 여하튼 인간의 '형이상학적' 욕구를 자극한다는 점에서 매혹적인 말이다.

혹자들은 1급 청정수에 비견될 가르침에 감동하면서도, 실천하긴 어려운 가르침이라고 투덜댄다. 무소유에 대한 이중적 감정이 배인 어느 블로거의 글을 그대로 싣는다.

"백번 옳은 말이고 공감이 가지만 현실에서는 하나마나
한 말인 것 같다. 우리 같은 속인에게는 필요한 것들이 너무
많기 때문이다. 식구들과 편안히 살려면 좋은 집, 좋은 차가
필요하고 … 노후 대비를 위해 임대 놓아 먹고 살 수 있는 작
은 상가 건물 하나라도 있어야 하고 … 또 자식 결혼시킬 때,
어느 정도 품위 유지가 되려면 적당한 감투도 하나 필요하고
… 나이가 들면, 돈 좀 들여서 고상해 보이는 작은 단체라도

하나 만들어 놓아야 심심하지 않고 ….."

『무소유』독자 가운데 적지 않은 이들이 이런 심정일 것이다. 얄궂게도 『무소유』가 본격 흥행한 1980년대와 90년대 초반은 한국 경제의 최대 호황기였다.

귀족들의 소일거리로 출발한 게 서양철학이다. 마찬가지로 무소유란 어느 정도 소유를 축적한 부류에게만 가능한 미덕이자 여유라고 말할 수도 있다. 한편으로 무소유의 유행은 불교는 부자를 부정하는 종교라는 인식을 심어줄 만하다. 소극적이고 염세적인 종교라는 이미지를 부추기는 빌미도 된다. 그러나 사실 부처님은 출가수행자에게는 철저한 무소유를 요구했으나 재가불자에게는 일절 그러지 않았다. 외려 치부致富를 권장했다.

부처님은 가난을 죄로 여기지는 않았다. 빈자일등貧者一燈이 적절한 예화가 될 것이다. 여자 거지가 구걸로 기름을 사서 희미하게나마 밝힌 등불에 감동해 비구니로 받아들였다. 다만 가난을 위로했을 뿐 긍정하지도 않았다. 무엇보다 괴로움을 일으키는 최대 주범은 가난이라고 봤다. "어떤 괴로움이 가장 무서운가 하면, 빈궁의 괴로움이다. 죽는 괴로움과 가난한 괴로움 두 가지가 모두 다름이 없으나 차라리 죽는 괴로움을 받을지언정 빈궁

하게 살지는 않겠다. 「금색왕경」" 죽음보다 더한 고통이 빈곤이라
는 부처님의 침통한 말투는, 아무거나 빌어먹고 아무데나 떠돌
아다니며 가난을 자청한 당신의 행적을 감안하면 뜻밖이다.

더구나 부처님은 부자들과 친했다. 『금강경』의 배경인 기원
정사를 보시한 수닷타 장자長者를 비롯해 경전에는 부처님을 따
르고 섬기는 장자들이 적잖이 등장한다. 장자란 대상隊商 무역으
로 막대한 자본을 축적한 이들로, 이즈막의 재벌에 값한다. 당대
의 기득권이었던 브라만교를 믿는 농경사회의 대지주들에 맞서
새로운 지배 계급으로 성장했다. 부처님은 장자들에게 "재물을
현재에 가지면 한량없는 복을 얻을 것 「증일아함경」"이라며 적극적
인 영업과 이윤 추구를 재촉했다.

이와 같은 '친재벌적' 입장은 일단 갓 걸음마를 뗀 교단을 안
정적으로 유지하기 위한 방편이었다는 해석이다. 『불교자본주
의』를 집필한 윤성식 고려대 교수는 "불교는 도시에서 포교를 시
작했고 당시에 새롭게 등장한 신흥 상공업자들이 대거 불교를
신봉하게 된다"며 "상인들의 상업 활동은 불교의 포교에 많은 도
움을 주었고, 상인들의 활동 범위에 따라 불교도 교세를 확장해
갔다"고 설명했다.

사마천은 『사기史記』에서 "줄곧 가난과 천함을 벗어나지 못하는 사람들이 입으로 인의仁義를 운운하는 것만큼 한심한 일도 없다"며 무능한 선비들의 위선을 통렬하게 비판했다. 부처님 역시 철저한 '리얼리스트'였고 냉철한 합리주의자였다. 돈이 없음에서 비롯된 불행은 오직 돈으로만 해결될 따름이지, 값싼 격려는 궁극적인 해법이 될 수 없음을 직시하고 있었다.

부처님은 수닷타를 예뻐하면서 "열정적인 노력으로 얻은 재물은 자신과 부모와 자식과 친구와 하인들을 행복하게 하는 데에 쓰여야 한다"고 말했다. 가장으로서의 책임을 다하는 동시에, 부의 창출에 기여한 사람들에게 알맞은 보상을 하라는 설법으로 들린다. 돈을 벌기도 잘 벌되 쓰기도 잘 써야 한다는 게, 축재蓄財를 재우친 본뜻이었다. 이리니지리니 해도, 인간다움의 근본은 돈인 듯하다. 그래서 돈을 여럿이 나누면, 보다 많은 이들이 인간다워질 것이다.

13

관세음보살은
여성인가, 남성인가?

우리나라 불교는 관음신앙이 대세다. 대다수의 사찰에는 불화로든 불상으로든 관세음보살을 모시고 있다. 양양 낙산사, 남해 보리암, 강화 보문사 등 유명한 기도 도량은 대부분 관음도량이다. 스님과 신도들은 끔찍한 장면을 목격하거나 하는 일이 뜻대로 풀리지 않을 때, 습관처럼 한숨처럼 '관세음보살'을 되뇐다. 관세음보살을 향한 불자들의 존경과 찬탄은 이처럼 오래고 깊다.

눈여겨볼 점은 관세음보살이 하나같이 여성의 모습을 띠고 있다는 사실이다. 부드러운 허리와 둔부의 곡선, 고운 손과 길고 가느다란 손가락은 영락없는 고전적 미인의 자태다. 머리에 쓴 화관花冠을 비롯한 각종 장신구 역시 여성미를 부각시키는 장치로 쓰인다. 인도 지역의 간다라 관음보살상이 수염을 단 건장한 남성의 모습으로 그려지는 것과 대조적이다.

관세음보살의 여성화는 한국을 위시한 동아시아에서 두드러지는 풍습이다. 물론 관세음보살이 여성이라는 교리적 근거는 없다. 특히 「관세음보살보문품」이 수록된 『법화경』은 "여성은 다섯 가지 장애로 인해 성불할 수 없다"고 단언하고 있으니, 여성이어서는 안 되는 셈이다. 그럼에도 관세음보살의 여성화가 곰비임비 진행됐는데, 여기에는 몇 가지 가설이 있다. 도교의 신선 시상으로부터의 영향, 불교의 티베트 유입에 따른 변이, 관음보살이 상징하는 자비의 위력을 극대화하려는 민중의 감정이입 등이 그것이다.

불교와 도교는 중국의 전통 사상으로 오래도록 경쟁하면서 서로의 장점을 주고받았다. 작위作爲와 피상적인 이분법을 반대하는 교리도 다소 유사하다. 비근한 예로 도교는 『노자화호경老子化胡經』이란 위경僞經(가짜 경전)을 만들어 도교의 우월성을 주장했다. "부처님은 사실 자신들의 시조인 노자老子였고, 그가 인도에 와서 교화한 내용이 바로 불교"라는 거짓말이다. 관세음보살과 '서왕모西王母'의 관계도 중국불교와 도교의 문화적 교류를 보여준다. 도교의 여신인 서왕모는 모든 신선의 우두머리로서 그들의 처신을 관리 감독했다. 신선들은 아침저녁으로 문안인사를 하며 그녀를 받들었다. 그녀가 불로장생을 가능케 해주는 반도蟠桃(3,000년에 한 번 열린다는 신성한 복숭아)를 가지고 있었기 때문이다. 서왕모는 크게 틀어 올린 머리에 화려한 관을 썼고, 금빛 나는 비단옷에 봉황을 수놓은 가죽신을 신었다. 관세음보살의 겉모양과 상당히 흡사하다.

한편 인도에서는 힌두교의 영향으로 신들의 배우자인 여신을 숭배하는 '샥티즘shaktism'이 융성했다. 그에 따라 남성인 관세음보살의 아내로 타라Tara 보살이 만들어졌다. 이후 불교가 7세기 티베트로 전래되면서 어머니 대지를 상징하는 타라 보살에 대한 숭배의 움직임이 싹텄다는 전언이다. 서왕모와 타라 보살은 '신神'과 '어머니'라는 공통된 이미지를 갖는다. 결국 이들에 대한 숭배의 이면에는 모성애를 향한 동경 그리고 신령한 힘을 통해 신산한 인생을 위로받으려는 민중의 바람이 깃들어 있다.

고되고 목마른 인생은 한반도의 옛 사람들에게도 마찬가지였을 것이다. 고려시대 일연 스님이 지은 『삼국유사』에는 관세음보살의 영험이 곳곳에서 발견된다. 신라 성덕왕 당시 수행자 노힐부득努肹夫得은 아름다운 만삭의 여인이 하룻밤 거처에서 묵기를 청하자 기꺼이 방을 내주었다. 그녀의 출산을 뒷바라지한 공덕으로 성불할 수 있었다. 임산부는 관세음보살의 화신이었다.

양양 낙산사에서 7일간의 용맹정진 끝에 관세음보살을 친견한 신라의 고승 의상 스님은 관세음보살의 소상塑像을 조성해 법당에 모셨다. 오늘날 동해를 등지고 선 낙산사 해수관음상의 유래다. 친구를 찾아 낙산사로 가던 원효 스님에게 더러운 빨랫물을 먹으라고 떠 주며 감탄고토甘呑苦吐를 하는지 하지 않는지 '분별심'을 시험한 여자도 관음이었다.

'조신調信의 꿈' 이야기도 극적이다. 조신은 태수 김흔공의 딸을 남몰래 좋아했는데, 관세음보살이 그녀로 변신해 조신의 갈애渴愛에 화답해줬다. 흠모해 마지않던 여자와의 결혼에 성공한 조신이었으나, 달콤함은 그때뿐이었다. 가난한 가장家長으로 처자식을 부양하면서 갖은 고생 끝에 비참하게 죽게 되는데⋯ 그게 알고 보니 한바탕 꿈이더라는 줄거리다. 생식기가 밖으로 달린 수컷의 숙명적이고도 기나긴 고통을, 악몽 한번으로 액땜

한 셈이다.

『법화경』의 「관세음보살보문품」은 "관세음보살의 이름을 마음에 간직하고 염불하면 큰 불도 능히 태우지 못하고, 홍수에도 떠내려가지 않으며, 모든 악귀도 괴롭힐 수 없다"고 했다. 일체 중생의 괴로움을 낫게 해주는 절대적 권능의 존재인 것이다. 현실에서 찾는다면 자애로운 어머니가 아닐까 한다. 2005년 산불로 잿더미가 된 낙산사 복원 신화의 주역인 정념 스님(현 서울 흥천사 회주)은 "자식에게 언제나 헌신적인 어머니의 사랑을 그리워하는 사람들이 관세음보살의 여성화를 가속시켰을 것"이라고 말했다. 자신의 모든 것을 조건 없이 내주는 어머니라면, 영원히 살기를 바랄 것은 모든 자녀의 꿈이다.

14

'달마'가
무섭게 생긴 까닭은?

선禪의 사전적 의미는 '마음을 가다듬고 정신을 통일해 무아적정無我寂靜의 경지에 도달하기 위한 수행법'이다. 빨리어 '자나 jhana'의 음역이며 부처님 당시부터 행해진 선정禪定의 줄임말이다. 흔히 회자되는 선禪은 6세기 중국의 남북조시대 보리달마菩提達摩가 창시한 선종禪宗이 기원이다. 선종의 초조初祖인 달마가 싹틔운 조사선祖師禪은 6조인 혜능慧能 스님에 의해 사상적 체계가 완성됐다.

조사서래의祖師西來意. 달마가 서쪽에서 온 까닭을 묻는 화두다. 역사 속의 달마는 남인도 팔라바 왕조의 왕자 출신이다. 반야다라般若多羅에게서 깨달음을 인가받았다. 서기 527년 중국으로 건너와 형상과 개념을 초월한 무심의 선법禪法을 펼쳤다. 화려한 불사佛事의 업적을 자랑하던 양梁의 무제武帝를 신랄하게 비판하면서, 만물이 가난하면 가난한 대로 못생기면 못생긴 대로 부처임을 가르쳤다. 스스로 팔을 자를 만큼 마음의 고통에 몸부림치던 혜가慧可에게는 마음이란 것 자체가 없음을 일깨우며 평정심을 되찾아줬다.

혜능 스님의 설법을 모은 『육조단경六祖壇經』은 부처님의 친설이 아님에도 경經이라 상찬된다. 그만큼 선종사에서 6조의 영향력이 크다는 반증이다. 반면 초조에 대한 불교계의 관심은 상대적으로 일천하다. 더구나 갈댓잎을 타고 양자강을 횡단했다거나, 150세까지 살았다거나, 죽었다가 부활했다거나 등등의 이적異蹟으로 인해 실존했던 인물이 아니라 신화에 불과하다는 주장이 팽배하다.

한편으로 달마의 이러한 초현실성은 '달마도'의 흥행을 불러왔다. 한때 달마도 시장은 한 해 5,000억 원 규모였다. 집안의 수맥을 차단하려 사가고, 기氣를 받으려 사가고, 부모님의 병을 고치려 사가고, 아들을 대학에 붙이려 사가고, 남이 좋다니까 사갔다. 홈쇼핑에서 7시간 만에 11억 원어치를 팔았다는 언론 보도가 있으며, 당뇨병에 특효라는 달마도 머그컵까지 등장했다. 달마도를 잘 그리면 졸지에 큰스님이 됐다.

무엇보다 달마도의 영험은 무섭고도 괴이하게 생긴 얼굴에서 뿜어져 나온다. 역대 최강의 카리스마에 의지해 잡귀와 액운을 쫓겠다는 것이, 세인들이 달마도에 열광하는 이유다. 물론 사정이야 어찌 됐든 도저히 잘생겼다고는 봐줄 수가 없다. 외모가 실력을 깎아먹는 것이 너무나 안타까웠는지, 누군가가 그를 위한 동정론을 만들어줬다. 본래는 수려한 용모의 소유자였으나, 시체와 몸을 바꾸면서 신세가 망가졌다는 야사野史가 눈길을 끈다.

사연인즉 달마는 3년간의 항해 끝에 중국의 항구도시 광주廣州에 도착했다. 걸어서 내륙으로 들어가는데 지나던 어느 마을에서 썩은 냄새가 진동했다. 용이 되지 못한 이무기가 죽어서 풍기는 악취였다. 주민들이 고통을 겪을까 염려한 달마는 이무기의 몸 안으로 빙의한 뒤 바다로 날아가 사체를 버리고는 영혼만 빠져나왔다. 낭패는 그 다음이었다. 돌아와 보니 자신의 육신이 종적을 감춰버렸다.

왜 이렇게 무섭게 생겼지...?

귀신이 될 위기에 처한 달마는 궁여지책으로 마침 죽은 지 얼마 안 된 백성을 발견하곤 그 주검을 취했다. 무너지고 부패한 몸뚱이였을 것이다. 다시 한번 신통력을 발휘한 달마는 자신의 몸을 훔친 범인이 곤륜산의 신선임을 알아내곤, 쏜살같이 이동해 그를 생포했다. 그러나 어려서부터 흉악한 몰골로 놀림을 받아왔던 신선의 딱한 사정을 전해 듣고는, 기꺼이 용서하고 그냥 송장의 모습으로 살았더라는 이야기다.

시시한 패담悖談 같지만, 이는 달마가 눈에 보이는 형상과 남들의 시선으로부터 초연한 대자유인이었음을 시사한다. 달마의 법문을 모은 『이종입=種入』에는 다음과 같은 구절이 있다. "(마음) 밖으로 모든 인연을 쉬고 안으로 헐떡이지 않으면 능히 도道에 들어가리라." 이떠힌 편견과 역경에도 흔들리거나 굴하지 않는 무쇠의 내공을 보여주는 사자후다.

15

'절'이라는
명칭의 유래는?

    스님들의 삶을 흔히 운수행각雲水行脚이라고 표현한다. 구름처럼 물처럼 정처 없이 다니며 진리를 구하고 사람들을 교화하는 일을 가리킨다. 서 있으면 앉고 싶고, 앉으면 눕고 싶은 게 인지상정이다. 반대로 서 있을 때 앉음을 원하지 않고, 앉아 있을 때 누울 자리를 찾지 않는 게 초인超人의 시작이다. 곧 운수행각에는 사사로운 이익과 명예에 안주하지 않겠다는 무소유 그리고 자기가 아닌 모든 중생을 위해 헌신하겠다는 대자비의 정신이 깃들어 있다. 구름과 물은 떠돌기에 앞서서, 맑다.

운수행각은 불교 초창기부터 시작된 전통이다. 부처님을 비롯한 제자들의 '라이프스타일'은 걸식乞食과 유행遊行이었다. 나무 아래서 좌선하고 거리에서 설법했으며 하루의 발길이 끝나는 곳이 그대로 잠자리였다. 하지만 '우기雨期'라는 인도의 기후적 특성 때문에 일정한 거주지의 필요성이 제기됐다. 장맛비를 맞으며 온종일 야외에서 정진하기란 곤욕이기 때문이다. 더구나 질퍽한 땅 위로 기어 나온 벌레들을 본의 아니게 밟아 죽이게 되면서, 불살생不殺生 계율을 위반하는 경우도 생겼다. 무엇보다 사람들을 체계적으로 관리해야 할 만큼 교단의 규모가 커졌다. 결국 출가자들이 한곳에 모여 공동생활을 하는 안거安居 제도가 신설됐고, 안거를 위한 '사찰寺刹'이 생겨났다.

사찰의 어원은 상가람마samgharama다. 출가한 남자(비구)와 여자(비구니), 출가하지 않은 남자(우바새)와 여자(우바이) 곧 사부대중四部大衆이 모여 사는 곳이라는 뜻이다. 이것을 한역하면서 승가람마僧伽藍摩라 했고 줄여서 가람이라고 표기한다. 아울러 불교 최초의 사찰은 죽림정사다. 부처님이 깨달음을 이루고 왕사성을 찾았을 때, '칼란다'라는 대상大商이 부처님에게 기증한 죽림竹林 동산에, 빔비사라 왕이 지어 바친 절이다. 당초에는 단순한 공동 주거지였으나, 시대가 흐름에 따라 점차 종교 의례를 집행하는 성소聖所로 성격이 변화했다.

한편 절을 일컫는 한자인 '사寺'는 '흙 토土'와 '마디 촌寸'이 위아래로 들붙은 모양새다. 처음에 이 말은 '정해진 법률에 따라 토지를 관리하는 기관'이란 의미에 따라 관공서 개념으로 쓰였다. 그래서 외국 사신들이 머물던 숙소도 '사寺'였다. 그러다가 불교가 중국에 전래된 1세기 후반 후한後漢시대에 인도 스님들이 대거 몰려와 '사寺'에 묵으면서 지금의 사찰이란 어의를 지니게 됐다는 전언이다. 찰刹은 산스크리트 '크세트라ksetra'의 음차音差로 국토 혹은 영역으로 번역된다.

알다시피 사찰의 순우리말은 '절'이다. 우리나라에서 사찰을 '절'이라 부르게 된 이유는 확실치 않다. 다만 신라에 불교를 전한 고구려 아도阿道 스님의 일화에서 단서를 찾을 수 있다. 고구려는 신라의 적국이었다. 아도 스님은 지역 상인이었던 모례毛禮의 가택에서 머슴으로 신분을 숨긴 채 기거하면서 은밀하게 불법을 전파했다. 이후 공주의 병을 낫게 하고, 어느 한겨울 눈밭에서 칡넝쿨을 자라게 하는 등 스님의 신비로운 이적異蹟에 감복한 모례는 존경의 표시로 사찰을 지어 바쳤다. 바로 구미에 있는 신라 최초의 사찰인 도리사다. 『삼국사기』나 『삼국유사』 등에 나오는 내용이다.

신라불교의 창시자인 아도 스님을 따르는 무리가 많아지면서 '모례의 집'도 유명세를 탔다. 그 집 마당에 있는 우물은 현재 경상북도 문화재자료 제296호로 등재돼 있다. 이러한 연유로 모례의 우리말인 '털레'가 '절'로 바뀌었다는 추측이다. 더불어 일본에서는 절을 '데라'라고 하는데, 빨리어로 장로長老를 뜻하는 테라thera에서 왔다는 설과 함께 '털레의 집'에서 유래했다는 두 가지 설로 나뉜다. 한국과 일본의 교류가 그만큼 오래됐음을 일러주는 반증이다. 절을 많이 하는 곳이기 때문에 절이라고 한다는 풍문도 있다. 조용해야 절이고 낮추어야 절이다.

16

'야단법석'이
불교에서 유래한 말이라고?

　한국인에게 불교는 신앙인 동시에 전통이다. 서기 372년 고구려를 통해 전래된 이후 불교는 1,700년 가까이 민족과 고락을 같이하며 한국인의 DNA로 박혔다. 집단무의식은 특히 언어문화에서 두드러진다. 우리가 사용하는 어휘의 상당수는 불교적 배경과 향기를 갖고 있다. 개중에는 역사의 그림자를 보여주는 단어도 있다. 심지어 장로長老나 전도傳道처럼 불교의 라이벌인 종교가 부지불식간에 가져다 쓰는 말도 있다.

　불교에서 비롯된 보통명사는 사실상 부지기수다. 먼저 화두

話頭가 대표적인 사례. '화두로 떠오르다' '국제사회의 화두' 등에서 보듯 이야기의 주제 혹은 첫머리를 뜻하는 화두는 간화선看話禪의 화두에서 유래했다. 조계종의 정통 수행법인 간화선은 화두를 타파해 깨달음에 이르는 것을 목표로 한다. '어떤 결론에 도달하기 위한 실마리'라는 의미에서, 세간의 '화두'와 출세간의 '화두'는 일맥상통한다. 아울러 '예사롭고 빈번하게 일어나는 일'을 가리키는 다반사茶飯事도 선가禪家의 언어다. 역대 조사祖師들은 "깨달음이란 차를 마시고 밥을 먹는 일상사에 있다"며 현재의 삶에 충실할 것을 강조했다.

불교의 본령은 결국 모든 생명을 살리는 일이다. '살림'의 어원은 '살리다'에 명사형 어미 'ㅁ'을 첨가했다는 설과 산림山林에서 파생됐다는 설로 나뉜다. 주로 사찰이 산속에 있다 해서 붙여진 산림은, 절의 재산을 관리하는 일을 지칭한다. 이런 맥락에서 산山 대신 산産으로 표기하기도 했다. '뒷바라지' 역시 절에서 재齋를 올릴 때 망자亡者를 위해 경전을 독송하고 목탁을 치면서 향과 꽃을 공양하는 '바라지'가 기원이다.

아랫사람을 칭찬할 때 쓰는 '기특하다'라는 낱말도 불교 용어에서 변이됐다. 기특奇特은 부처님이 대자대비심으로 중생제도를 위해 이 땅에 오신, 매우 기이하고 특별한 사건을 일컫는다. 건물과 가옥의 출입문을 의미하는 현관玄關의 어원도 의외다. 깊고 묘한 이치로 통하는 관문.『벽암록碧巖錄』에는 "어떠한 경우에도 남의 질문에 명쾌하게 답을 하려면 현관을 격파해야 한다"고 적혔다. 아울러 영화나 드라마의 중심인물인 주인공主人公은 원래 번뇌 망상에 흔들리지 않는 참된 마음을 일컫는 말이었다. 또한 '스승'은 스님을 가리키는 사승師僧에서 왔다. 지옥의 비슷한 말인 나락那落, 시간의 미세 단위인 찰나刹那도 처음에는 불경에서 썼다.

한편 당초에는 청정하고 고결했던 어의語義가 왜곡되고 훼손된 경우도 나타난다. 조선시대 숭유억불의 흔적일 수 있다. 해방 이후 국가권력의 비호로 급성장한 개신교에 밀려 숨죽여야 했던 세월의 응달이란 목소리도 들린다. 예컨대 오늘날 난리법석 또는 난장판과 동의어로 취급받는 '야단법석野壇法席'은 야외에서 열리는 대규모의 법회를 의미했다. '싸움의 끝장을 보자'는 의미로 사용하는 이판사판理判事判도 수행에 전념하는 스님인 이판과 절의 행정을 맡는 스님인 사판의 총칭이 뒤틀린 말이다. 강사講師 스님을 가리키는 '아사리阿闍梨'가 '개판'과 유사한 아사리판으로 변질된 것도 안타깝다. "야, 이 화상아!" 함량미달의 인간을 골릴 때 쓰는 화상和尙이란 폄칭은 본래 지혜와 덕망이 높은 큰스님을 향한 존칭이었다. 부처님의 친절하고 유려한 설법을 뜻하던 장광설長廣舌은 이즈막 쓸데없이 길기만 한 중언부언을 손가락질할 목적으로 애용된다. '양아치'와 동급인 '건달' 역시 건전하다 못해 신성한 말이었다. 천상 세계인 제석천帝釋天에서 음악을 관장하는 신神이었던 건달바乾達婆가 들었으면 땅을 쳤을 일이다.

17

스님들에게는
왜 삼배를 하나?

전국의 고찰古刹들은 다들 아름답고 그윽하다. 발군을 꼽으라면 으레 다음의 세 곳이 회자된다. 경남 양산에 있는 통도사와 합천에 있는 해인사 그리고 전남 순천에 있는 송광사. 통틀어서 삼보三寶 사찰이라 한다. 불교를 이루는 근간인 삼보를 품은 덕분이다. 통도사는 불보佛寶종찰, 해인사는 법보法寶종찰, 송광사는 승보僧寶종찰이다. 종찰宗刹이란 수식에는 근본이자 으뜸의 도량이라는 긍지가 묻어난다.

통도사는 부처님이 실제로 '존재하는(?)' 절이기에 불보종찰이다. 엄밀히 말하면 부처님의 뼛조각 이른바 진신사리를 모시고 있다. 해인사가 법보종찰인 까닭은 유네스코UNESCO 세계문화유산으로도 유명한 팔만대장경을 보관하고 있어서다. 승보종찰 송광사는 사람을 보물로 키워냈다. 고려시대 보조국사 지눌 스님을 위시한 16국사國師부터 현대에는 『무소유』의 법정 스님까지, 고승高僧을 유독 많이 배출했다.

그럴듯한 생각과 함께 주변에 추종자깨나 있다면 누구든 종교를 만들 수 있다. 특급 연예인들은 거의 교주다. 종교의 구성원리는 간명하다. 뛰어난 사람이 있었고, 그가 남긴 말이 있고, 그를 따르는 사람들이 많으면 종교가 된다. 이를 각각 교조教祖, 교리教理, 교도教徒라고 한다. 불교도 마찬가지다. 불법승佛法僧 삼보로 구성된다. 불佛은 불교를 창시한 부처님을, 법法은 부처님의 가르침을, 승僧은 '부처님'과 '부처님의 가르침'을 믿고 실천하는 사람들, 구체적으로는 스님들을 의미한다. 원칙적으로 '교도'에는 스님이 아닌 일반 불자들도 포함되겠다. 다만 불교가 최초로 발흥할 무렵이라면, 부처님을 따르는 사람은 모두 스님들이었을 것이다. 불법승 가운데 어느 하나만 빠져도 불교는 존속될 수 없다. 그러므로 낱낱이 귀중한 보배로 일컬어지는 것이다. 상식적으로 부처님이 없었다면 불교는 시작되지 못했다. 부처님의 가르침이 없었다면 부처님은 존경받아야 할 이유가 없다. 특히 스님들이 없었다면 부처님이 아무리 위대했다손 흘러간 허명虛名에 불과할 것이다. 2,500여 년간 정법正法을 올곧게 지키고 올바르게 펼쳐 온 스님들은 불교의 얼굴이자 뼈대다. 그래서 스님을 만나면 신도들은 마땅히 예를 표해야 하는 게 원칙이고 관습이고 미덕이다. 조계종 포교원이 발간한 『불교입문』은 "길에서 스님을 만나면 안면이 있고 없고를 떠나 합장 반배를 올리는 것이 원칙"이라고 설명했다. 나이와 신분의 고저高低는 나중 문제다.

윗사람 앞에서 아랫사람이 절을 하는 건 동양의 오랜 전통이다. 불교에서도 보편적인 인사법이다. 삼배三拜는 부처님과 스님들을 향한 대표적인 섬김의 방법이다. 양쪽 다리의 무릎과 양쪽 팔의 팔꿈치 그리고 이마를 바닥에 대는 것, 이름하여 오체투지五體投地를 세 번 연거푸 하는 형식이다. 맨땅바닥이거나 장소가 비좁을 경우에는 약식略式이 허용되기도 한다. 서서 합장한 채 머리와 허리를 굽히는 반배半拜다. 물론 이때에도 세 번 한다는 것은 똑같다.

흔히 웃어른에게는 한 번 절하고 죽은 웃어른에게는 두 번

절한다. 삼배는 불법승 삼보에 귀의하겠다는 맹세를 지극한 마음으로 드러내는 것이다. 귀의歸依란 '돌아와 의지한다.' 곧 제맘대로였거나 제멋대로였던 그간의 마음을 뉘우치는 동시에, 절대적 존경의 대상인 삼보를 철저히 믿고 따르겠다는 취지다. 번뇌를 씻고 정성을 다한다는 뜻도 품었다. 그 마음이 목숨을 바칠 정도로 간절하다는 맥락에서 귀명歸命이란 용어를 쓰기도 한다.

절에 가면 맨 먼저 법당에 들어가 부처님에게 삼배를 올리는 것이 가장 기본적인 사찰 예절이다. 아울러 독실한 불자에게 스님은 곧 부처님이다. 스님에게 삼배를 하는 마음의 바닥에는 자신의 앞에 있는 스님이 부처님에 버금갈 만큼 훌륭한 분이라는 믿음이 흐른다. 또한 삼배는 인사법이면서 수행법이다. 탐욕(탐貪)과 분노(진瞋)와 이리석음(치癡)이리는 삼독심三毒心을 없애겠다는 다짐이, 삼배를 할 때의 마음가짐이어야 한다. 몸의 낮춤은 마음의 낮춤을 위한 동작인 셈이다.

한편으로 스님들 개개인에 따라서 삼배를 거절하는 경우도 있다. 일배만 하라거나 심지어 신도에게 맞절을 하는 스님도 간혹 보게 된다. 대개 '나는 삼배를 받을 만한 자격이 없다'는 겸양의 태도에서 나온 배려다. 그래도 원칙적으로는 삼배가 권장된다. 단, 상황에 따라 융통성을 두는 개차법開遮法에 의거하면 일배라도 결례는 아니다. 조계종 포교원 포교연구실장 원철 스님은 "스님께는 삼배를 하되 절을 받는 스님이 그만할 것을 권하면 그만둬야 한다는 구절이 『사미율의沙彌律儀』에 나와 있다"며 "이는 배례拜禮를 받는 스님의 의향이 중요함을 시사하는 대목"이라고 밝혔다.

근대 이후 스님에 대한 삼배를 정착시킨 주역은 성철 스님이라는 설이 지배적이다. 1947년 봉암사 결사結社는 한국불교의 풍토와 위상을 혁명적으로 바꿔 놓았다. 당시만 해도 조선시대 억불의 악습으로 승려들은 일반인에게 천시와 반말의 대상이었다. "오로지 부처님 법대로만 살자"며 경북 문경 봉암사에서 의기투합한 스님들은 계율을 철저히 지키고 좌선으로 일관하며 사람들의 불신과 냉대를 조금씩 씻어 갔다. 그즈음 절들의 보편적인 생계 수단이었던 불공佛供과 제사 역시 정법正法에 어긋난다며 일절 받지 않았다. 스님은 무속인이 아니라 수행자임을 확인시키기 위한 조치였다.

결사를 주도하던 성철 스님의 불호령이 압권이다. "스님은 부처님 법을 전하는 당신네 스승이고 신도는 스님한테서 법을 배우는 제자야. 법이 거꾸로 되어도 분수가 있지. 스승이 제자 보고 절하는 법이 어디 있어? 조선 500년 동안 불교가 망하다 보니 그렇게 되었는데, 그게 부처님 법은 아니야! 부처님 법에 신도는 언제나 스님들께 절 세 번을 하게 되어 있어. 그러니 부처님 법대로 스님들에게 절 세 번 하려면 여기 다니고, 부처님 법대로 하기 싫으면 여기 오지 말아!「수다라」10집에 수록된 성철 스님 법문(1995)"

삼배는 불교가 유입된 국가라면 어디서든 통용되는 문화다. 몸짓은 조금씩 다르지만 세 번이라는 원칙은 동일하다. 남방 불교 그러니까 동남아시아 불교국의 신도들은 스님의 발등에 자신의 이마를 세 번 맞대는 것을 최상의 예경이자 영광으로 여긴다. 중국에서는 우리처럼 오체투지가 아니라 무릎만 땅에 대고 허리를 꼿꼿이 편 장궤합장長跪合掌으로 머리만 세 번 조아리는 게 관례다. 사실, 이게 더 힘들다.

이렇듯 나라와 풍습에 따라 다른 예법이지만, 본질은 같다. 신도는 삼배로써 하심下心의 마음을 잃지 말아야 하고, 스님 역시 공양供養에 걸맞은 인격을 잃지 않도록 정진해야 한다는 것이다. 부처님의 별칭 가운데 하나가 응공應供이다. 충분히 공양을 받아도 되는 사람이라는 존칭이다. 서로를 향한 마음이 닫히거나 격해질 때, 마음은 설움이 되거나 군림이 된다.

18

『서유기』에 등장하는 '삼장 법사'가
실존 인물이었다고?

　중국의 전자 상거래 사이트인 '알리바바'의 창업주 '마윈.' 아시아 최고의 갑부로 세인들의 부러움을 한 몸에 받는 인물이다. 그의 어마어마한 성공담을 다룬 이런저런 평전에는 그의 경영 철학이 소개돼 있는데, '삼장 법사 리더십'이라는 개념이 눈에 띈다. 동아시아의 고전 소설인 『서유기西游記』에 등장하는 삼장 법사를 일컫는다. 삼장 법사처럼 사람을 관리하라는 게 마윈의 지론이다.

　예컨대 손오공은 불세출의 능력을 지녔으나 덤벙거리는 성

격이다. 반면 저팔계는 무능한 데다 심지어 교활하지만 절체절
명의 순간에 삼장 법사를 구해낸다. 사오정은 요괴이나 순종적
이고 근면하다. 삼장 법사는 천신만고 끝에 서역에 도착해 목표
했던 불경을 손에 넣었다. 각기 다른 장점을 지닌 제자들의 도
움 덕분이었다. 삼장 법사는 얼핏 어벙하고 유약한 듯 보이지
만, 실제로는 부하들을 효과적으로 다루면서 조직을 성공으로
이끄는 '허허실실'형 지도자였던 셈이다.

삼장 법사는 소설 속 캐릭터가 아니라 실존했던 스님이다.
원래 법명은 현장玄奘(602(?)~664). 부처님 말씀이 담긴 경전
을 구하기 위해 히말라야를 넘었던 구법승求法僧의 대명사다. 그
리고 당신의 행보를 모티브로 명나라 시대의 작가 오승은이 집

필한 책이 바로『서유기』다. 무려 17년간이나 인도 등지를 돌다
가 고국인 당나라로 귀국한 현장 스님의 손에는 부처님의 사리
150과顆, 불상 8체體, 경전 520권 657부가 들려 있었다. 당나라
수도였던 장안(지금의 서안)에 세워진 자은사에는 현장 스님이
인도에서 수집한 경전과 불상을 봉안한 대안탑과 그를 기리는
동상이 있다.

　불교의 원형을 직접 체험하고자 고난의 행군을 자청한 구법
승들의 활약은 동아시아의 불교학과 불교문화 융성에 크게 기
여했다. 우리나라의 대표적인 구법승은『왕오천축국전往五天竺國
傳』의 저자인 혜초 스님(704~787)이다. 천축국은 인도의 옛 이
름으로, 이 책 제목은 '5개의 천축국을 가다'라는 뜻이다. 인도
와 서아시아 각국의 종교와 풍속·문화 등에 관한 기록이 실렸
다. 특히 구법행의 혹독함을 헤아릴 수 있는 시구詩句가 절절하
다. "차디찬 눈은 얼음과 엉기어 붙었고/ 찬바람은 땅을 가르도
록 매섭다/ 넓은 바다 얼어서 단壇을 이루고/ 강은 낭떠러지를
깎아서 간다." 걸어서 가야 하는 그 길은 가파르고 더운 길이었
으며, 도적이 득실거리는 길이었다. 히말라야 산맥을 넘고 타클
라마칸 사막을 건너야 겨우 도시를 만날 수 있었다. 열이 떠나
면 여덟은 돌아오지 못했다. 오늘날에야 손가락질 두어 번이면

검색되는 경전이지만, 그들은 목숨을 걸어야 읽을 수 있었다.

한편 삼장三藏이란 호칭은 당사자인 스님이 불교 교리에 정통했음을 보여주는 증표와도 같다. '세 개의 광주리'란 뜻이며, 경률론經律論을 총칭하는 낱말이다. 산스크리트로는 '트리피타카tripitaka.' 경·율·론은 각각 부처님의 친설親說을 담은 경전, 수행자가 지켜야 할 계율, 고승이 경전에 대해 주해한 논서를 말한다. 말 그대로 불교학의 모든 것이다. 결국 삼장 법사란 경률론을 섭렵하고 능란하게 가르칠 수 있는 최고의 학승을 가리킨다. 참고로 합천 해인사에 봉안된 유네스코UNESCO 세계문화유산 팔만대장경의 영어명은 '트리피타카 코리아나koreana.'

미얀마와 태국 등 남방 불교에서 삼장 법사는 그냥 막연하게 학식이 뛰어난 스님이 아니다. 철저하고 까다로운 시험을 통해 객관적이고 엄밀하게 뽑는다. 경률론에 대한 이해를 넘어 통째로 암기할 수 있어야만 부여되는 호칭이다. 총 8,026쪽 분량의 빨리어 삼장을 한 글자도 틀리지 않고 줄줄 외워야만 가능하다. 시험을 통과하는 스님이 7~8년에 한 명밖에 나오지 않을 정도로 대단히 어려운 과정이다. 어쨌거나 삼장 법사에 '등극하면' 모든 국민의 존경을 받는다. 당연하다.

19

'부처님오신날'은
왜 나라마다 다른가?

부처님오신날은 어느 해나 화려하고 뜻깊다. 일주일을 앞두고 열리는 연등회燃燈會가 백미이고 장관이다. 수십만 명의 내외국인이 서울 도심에 운집해 손에 든 연등으로 밤하늘을 밝힌다. 2012년 국가의 중요무형문화재로 지정되면서 가치가 더욱 커졌다. 부처님의 탄생일인 음력 4월 8일 전국 사찰에서 열리는 법요식에서 불자들은 부처님의 지혜와 자비를 생활 속에서 실천하겠다고 다짐한다. 한 달 가까이 이어지는 봉축 분위기는 이렇게 마무리된다. 참고로 불교의 상징인 연꽃 때문에 간혹 연등의 '연'을 '연꽃 연蓮' 자로 알지만 '불사를 연燃' 자가 맞다.

알다시피 우리나라의 부처님오신날은 음력 4월 8일이다. 양력으로는 대개 5월의 어느 날에 걸린다. 부처님은 기원전 563년경 이날 해 뜰 무렵, 숫도다나 왕과 마야부인 사이에서 태어났다고 전한다. 특이한 것은 북방 불교와 남방 불교가 부처님 탄생일을 각기 다른 날을 정한다는 점이다. 한국을 포함해 중국과 홍콩, 마카오, 대만 등 동아시아권에서는 공통적으로 음력 4월 8일이 기념일이다. 사찰에 연등을 달거나 등을 들고 거리를 행진하는 모습도 대동소이하다. 다만 일본은 양력 4월 8일을 부처님오신날로 쉰다는 것이 특징이다.

반면 동남아시아를 중심으로 한 남방 불교 국가들은 일주일 뒤인 음력 4월 15일을 불탄일로 친다. 이름하여 '웨삭데이vesak day'. 웨삭은 부처님이 사용하던 빨리어 '위사카visakha'에서 유래한다. 인도 달력으로 2월을 가리킨다. 남방 불교의 전통에 의하면 부처님은 위사카월月 보름날에 탄생했다. 인도 달력 2월은 우리나라에서 사용하는 음력인 시헌력 4월에 해당한다. 유엔UN은 1999년 음력 4월 15일을 '웨삭데이'로 지정해 매년 이날에 부처님의 탄생을 축하하는 메시지를 발표하고 있다.

1956년 네팔에서 열린 제4차 세계불교대회에서 참석 국가들은 양력 5월 15일을 부처님오신날로 확정하기도 했다. 하지만 1개월이 30~31일인 양력과 29~30일인 음력은 응당 시간차가 생기게 마련이다. '이날이 과연 그날일까?' 나라마다 의심이 나타났다. 결국 1998년 스리랑카에서 열린 대회에서 '양력 5월 15일'을 '양력 5월 중 보름달이 뜨는 날'로 바꿨다. 음력 4월 15일 즈음이 된다.

한편 음력 4월 15일은 우안거雨安居가 시작되는 날이기도 하다. 안거는 출가자들이 외부 출입을 끊고 수행에만 전념하는 행위이자 기간이다. 불교만이 아니라 부처님이 생존하던 당시에도 있었던 인도 고유의 풍습이다. 제자들이 우기에 돌아다니다가 땅속에서 기어 나온 벌레들을 자기도 모르게 죽이는 것을 보고 부처님은 안거 제도를 도입했다. 대체로 덥기만한 남방 불교에서는 안거를 여름 한 차례만, 덥다가 추운 북방 불교에서는 여름과 겨울 두 차례를 난다. 각각 음력 4월 15일부터 7월 15일까지, 음력 10월 15일부터 다음 해 1월 15일까지다. 안거의 출발은 결제結制, 종료는 해제解制라 한다.

남방 불교에서는 우안거 결제일을 탄생일뿐만 아니라 부처님이 깨달음을 이룬 성도일成道日이자 목숨을 거둔 열반일로 삼왔다는 것이 눈길을 끈다. 부처님의 생애 가운데 가장 중요한 사건이, 같은 날에 이루어졌다고 보는 시각이다. 구미래 동방대학원대학교 교수는 "초기 경전인 『장아함경』에는 여기에 출가일을 포함해 4대 명절의 날짜가 모두 2월 8일로 기록돼 있으며 『반니원경』에는 전부가 4월 8일로 적혀 있다"고 전했다. 이와 함께 부처님오신날이 예로부터 2월 8일과 4월 8일로 나뉘어 있었음을 알 수 있는 대목이다.

예수 그리스도의 탄생을 축하하는 크리스마스 역시 초기에는 '12월 25일' '1월 3일' '3월 21일' 등으로 중구난방이었다. 오늘날 예수는 세계 최대 종교의 시조이지만, 살았을 당시에는 변방의 도인일 뿐이었고 그를 따르는 무리 역시 소수 집단에 불과했다. 불교의 출발도 이와 비슷했다. '아웃사이더'의 생일을 정확하게 기억해주는 당대의 사가史家는 없다. 세월이 흘러 교단이 성장하고 전파되면서 각국의 문화와 풍습에 따라 '대략 이때쯤'으로 탄생일을 정했을 것이다.

부처님의 탄생일을 확증할 수 없는 상태에서, 4월 8일은 단순한 날짜가 아니라 상징으로 해석할 수도 있다. 중앙승가대 교수 자현 스님은 저서 『붓다순례』에서 4월 8일의 기원에 대해 추측했다. 요약하자면 부처님은 2월 8일에 출가해 12월 8일 성도했으며 4성제와 8정도, 12연기를 교리로 한 8만4,000법장의 12부경을 설하고 열반했다. 이후 8섬 4말의 사리를 남겼으며 이를 8개국 국왕들이 나누어 근본 8탑을 조성했다. 결론적으로 부처님의 생애는 4와 4의 배수로 점철되어 있음을 알 수 있다. 4월 8일이란 부처님의 완전무결함을 암시하는 일종의 '다빈치 코드'인 셈이다.

20

'본래 부처'라면서
왜 수행을 계속하나?

    불교는 종교만이 아니라 철학으로서도 유효하다. 지금껏 불교계에 몸담고 있는 이유의 핵심이다. 일전에 뒤늦게 불교를 공부하게 된 어느 지인이 물었다. 다음은 "불교는 이율배반적"이라며 내놓은 그의 질문이다. "조사선祖師禪에 따르면 삼라만상이 원래부터 청정하고 완전한 존재, 즉 '본래 부처'라고 강조한다. 그렇다면 이미 부처인데 부처가 되기 위해 수행을 해야 한다는 말은 모순이지 않은가?"

    귀담아 들을 만한 논리다. 있는 그대로가 부처임을 알았다면, 있는 그대로 살면 그만이다. 살아있다면, 살아내는 게 모든 생명의 소명이다. 또 다른 무엇이 되기 위해 고민하거나 땀 흘릴 필요는 없어 보인다. 곧 신분과 환경에 굴하지 않고 주어진 삶을 정직하고 성실하게 살아간다면 그것이야말로 보살행일 것이다. 그럼에도 이러한 깨달음만으로는 부족하다며 바르고 지속적인 수행을 독려하는 게 불교의 전통이다.

사실 깨달음과 수행의 '불편한' 관계는 오래전부터 제기돼 왔다. 돈오돈수頓悟頓修와 돈오점수頓悟漸修 논쟁이 그것이다. 갑론을박의 핵심은 '깨달은 후에도 수행이 필요한가'라는 문제였다. 돈오돈수는 필요 없다는 쪽이고 돈오점수는 필요하다는 쪽이다. 논란은 불교학계의 보편적인 이론으로 자리한 고려시대 보조 지눌 스님의 돈오점수를, 전 조계종 종정 성철 스님이 지해知解, 곧 불완전한 깨달음이라고 비판하면서 촉발됐다.

물론 최초의 돈점 논쟁은 이보다 훨씬 앞선 1,300여 년 전의 일이다. 중국 선종의 5조 홍인弘忍 대사의 수제자였던 신수神秀는 다음과 같은 게송을 스승에게 지어 바쳤다. "부처의 마음은 깨끗한 거울과 같으니 매일 부지런히 닦아야 한다"는 게 골자였다. 이때 허드렛일이나 하던 행자 신세였던 혜능이 신수의 게송을 보고는 "마음이란 것 자체가 헛것인데 거울이 웬 말이냐"며 반박했다. 홍인 대사는 혜능의 손을 들어줬고 그는 6조의 지위를 부여받았다. 본래 부처이므로 더 이상 닦을 것이 없다는 통찰을 높이 산 것이다.

신수가 점수의 상징이라면 혜능은 돈수를 대변한다. 오늘날까지 이어지는 돈점 논쟁을 자세히 살펴보면, 깨달음에 대한 시각차가 존재한다는 것을 알 수 있다. 돈수를 옹호하는 측은 '깨달은 후에도 수행이 필요하다면 그 깨달음은 진정한 깨달음이 아니다'라고 주장한다. 반면 '이치를 깨달았다손 과거 오랜 세월의 습기習氣를 없애야만 깨달음이 완성되는 것이고 그래서 수행이 필요하다'는 게 점수주의자들의 입장이다. 요컨대 돈수의 깨달음이 최고의 깨달음인 증오證悟를 지향한다면, 점수의 깨달음은 해오解悟의 단계에 머물러 있다. 똑같이 '오悟'라는 표현을 쓰지만 그 등급이 서로 다른 셈이다. 해오의 '오'가 통찰이라면, 증오의 '오'는 통찰과 통찰을 거듭한 '최종적 통찰'쯤 되겠다.

한편 훗날 혜능 스님은 중국불교를 대표하는 최고의 선지식에 등극했다. 그런데 혜능이 신수를 제압한 사연은 하택 신회荷澤神會 선사의 조작이란 설이 있다. 신회는 당초 신수의 문하였으나, 신수가 인정해주지 않자 혜능 쪽으로 돌아섰다. 그리고 자신만이 혜능의 후계자(7조)라고 강변하는 동시에, 신수를 '투명인간' 취급했다. 얄궂은 건 혜능의 적통을 자임한 신회가, 당대의 선사들로부터 점수를 일컫는 '지해종도知解宗徒'로 낙인찍혀 몰락했다는 사실이다.

깨달았다고 사람이 갑자기 달라지는 건 아니라는 게, 개인적인 경험이다. 깨달음의 내용만큼이나 중요한 것이 깨달음의 실천이다. 본래 부처에 대한 잘못된 이해는 독선을 부추긴다. '내가 부처이니 내 마음대로 살아도 된다'는 방일은 금물이다. 본래부처의 진의眞義 가운데 하나는 '내가 부처인 만큼 남도 부처'라는 윤리의식이다. 조계종 원로회의 사무처장 광전 스님은 "점수에 치우쳐 시비를 일삼는 사람에겐 돈頓을 이야기해 분별을 없애고, 본래 부처이거늘 무슨 수행이 더 필요할 것인가 하는 사람에겐 점漸을 이야기해 아만我慢을 없애야 한다"고 강조했다. "중생을 제도하는 방편으로 돈과 점을 이야기할 뿐, 법法 자체엔 따로 돈점이 정해져 있지 않다"는 게 요지다. 꼬치꼬치 따지는 사람에겐 돈頓이, 잘났다며 나태한 사람에겐 점漸이 필요한 것이다.

21

탑의 층수는
왜 다 홀수일까?

아사달과 아사녀의 로맨스가 서린 경주 불국사 석가탑, 남한 국
토의 한가운데에 있어 일명 중앙탑이라 불리는 중원 탑평리 7층
석탑, 통일신라시대 수도 경주의 '랜드마크'였다는 황룡사 9층
목탑. 당대를 대표하는 건축물이었다는 게 이들의 공통점이다.
또 하나는 탑의 층수가 모두 홀수라는 것. 우리나라의 불탑을
살펴보면 2·4·6·8 등 짝수로 된 층급層級은 매우 드물다. 대다
수 3·5·7·9 등의 홀수로 구성돼 있다. 불교의 교리나 사상에 바
탕을 둔 구조는 아니다. 동양의 우주관인 음양오행의 흔적이다.

탑의 층수는 왜 홀수일까?

기수奇數, 곧 홀수는 양陽의 수이고 우수偶數, 곧 짝수는 음陰의 수다. 양을 위치와 가치에 대입하면 상上, 전前, 고高가 된다. 인사人事로 볼 때는 귀貴, 존尊, 길吉, 복福 따위에 해당한다. 그 반대인 음에 필적하는 개념은 하下, 후後, 저低, 천賤, 비卑, 흉凶, 화禍다. 탑의 층수를 정함에 있어 양의 수를 택했다는 것은 음의 수를 배척하겠다는 취지다. 당연한 일이었다. 탑은 부처님을 존尊하고 복福을 바라기 위해 만들어졌으니까.

홀수 각각은 나름의 의미를 지닌다. 3은 완전성을 갖춘 수로 천지인天地人, 삼재三才를 표상한다. 또한 삼양개태三陽開泰(봄날의 시작), 복록수삼성福祿壽三星(행복과 출세와 수명을 담당하는 세 개의 별), 세한삼우歲寒三友(추운 겨울날 위로가 되는 세 명의 벗. 소나무·대나무·매화나무)와 같은 개념에서 보듯 길상吉祥과 천우天佑를 암시한다. 아울러 5는 십진법의 가운데에 자리한 숫자다. 『설문說文』에 의하면 5는 천위天位의 수다. 목木·화火·토土·금金·수水의 오행에 응하기도 한다. 7은 천지인과 함께 사계절을 상징하는 수이며 북두칠성北斗七星은 일곱 개의 별이다. 마지막으로 9는 양이 완성된 수다. 구천九天, 구중궁궐九重宮闕에서도 사용되는데, 규모가 엄청나게 크다는 뜻이다. '오랠 구久'와 발음이 동일해 장수長壽와도 연결된다.

물론 "그러면 국보 제2호인 원각사 10층 석탑은 어찌된 영문이냐"고 이의를 제기할 수 있다. 정답을 말하자면 단순히 '10'이 아니라 '3'과 '7'의 조합이다. 탑을 자세히 살펴보면 평면이 '아亜' 자형을 이루는 아랫부분의 3층과 일반형 석탑과 같이 방형方形으로 된 윗부분의 7층으로 구분돼 있음을 알 수 있다. 곧 홀수를 기본으로 하는 것이다. 얼핏 보기엔 10층이지만, 철저하게 홀수 우대의 관습을 기반으로 조성된 탑이다.

한편 고려시대 몽골의 침략으로 소실된 전설 속의 황룡사 9층 목탑에는 동북아시아의 통일을 꿈꾼 신라 선덕여왕의 야심이 배어 있다. 삼국통일 전인 서기 643년 건립됐다. 『삼국유사』「탑상」 편에 따르면 그녀는 주변의 이민족을 신령의 힘으로 무릎 꿇리겠다는 뚝심으로 까마득한 높이의 9층 탑을 세웠다. 제1층은 일본, 제2층은 중국, 제3층은 오월吳越, 제4층은 탁라托羅(탐라), 제5층은 응유鷹遊(백제), 제6층은 말갈, 제7층은 단국丹國(거란), 제8층은 여적女狄(여진), 제9층은 예맥穢貊을 상징한다. 문화재청 문화재전문위원을 역임한 허균 씨가 쓴 책 『사찰 장식 그 빛나는 상징의 세계』에 나오는 내용이다. 예맥은 고구려의 기원이 되는 종족이다.

22

마조 도일, 임제 의현…
어떤 스님들은 법명이 왜 네 글자인가?

2003년 설립된 사단법인 지구촌공생회는 불교게의 대표적인 국제구호단체다. 2015년 4월 30일 아프리카 케냐의 오지인 올로레라에 태공太空초등학교를 건립했다. 이전 해에 첫 삽을 뜨고 이듬해 준공한 학교의 명칭은 설립자이자 이사장인 월주 스님의 법호法號에서 따왔다. 2014년은 세수世壽 80세이자 스님이 출가한 지 60주년이 되는 해였다. 곧 태공초등학교란 이름은 대승보살도 정신에 입각해 중생구제에 힘써 온 당신의 삶에 세운 이정표인 셈이다.

호號의 사전적 의미는 '본명 이외에 허물없이 쓰는 이름' 또는 '세상에 널리 드러난 이름'을 가리킨다. 공부에 일가견을 이룬 학자나 사회 저명인사들은 따로 호를 두어 스스로의 학식과 덕망을 기념한다. 법호란 말 그대로 스님들의 호다. 오랜 수행을 통해 일정한 지혜와 복덕을 갖추면 얻을 수 있는 영예와 같다. 흔히 '○○당堂 ○○ 대종사'라고 부를 때 앞에 붙는 이름이 법호다.

건당建幢을 하면서 스승에게 받거나 전법傳法이나 전강傳講을 받을 때에도 받는다. 조계종의 최고 법계法階인 대종사大宗師 스님들은 모두 법호를 갖고 있다. 또한 종단의 중진급 이상 스님들 역시 대개 법호를 합해 법명이 두 개다. 대외적으로는 법호를 쓰기도 하고 법명을 쓰기도 한다. 자기 스스로 법호를 짓는 경우도 있다. 개명도 한다.

'건당'은 설법을 하기 전 그 자리에 깃발을 세운다는 의미다. 현대에 와서는 자신을 출가시켜준 은사가 입적이나 환속 등으로 유고가 됐을 때, 다른 어른을 은사로 모신다는 뜻의 관용어로 쓰이는 편이다. 그러나 본래는 '수행의 이력과 열정이 타인의 사표師表가 될 만큼 원만하여 법맥을 이어받을 만하다'는 찬사였다. 이에 스승은 전법게傳法偈와 함께 법호를 내렸다. 이때

남을 가르치고 제자를 키울 수 있는 자격과 함께 문중을 통솔할 수 있는 권한을 부여한다. 흔히 다른 나라를 정복했거나 자기만의 입지를 탄탄하게 굳혔을 때 '깃발을 꽂았다'고 하지 않던가.

중국의 옛 선사들도 마조 도일馬祖道一, 임제 의현臨濟義玄, 백장 회해百丈懷海, 조주 종심趙州從諗 등 으레 두 개의 법명으로 기록된다. 다만 앞에 붙는 이름은 일반적인 의미의 법호가 아니다. 대부분 본인이 주로 머물면서 전법을 펼치던 지역이나 사찰을 일컫는다. '임제에 사는 의현 스님' '조주에 사는 종심 스님'쯤 되겠다. 예컨대 임제 의현 선사는 중국 하북성 진주 임제원臨濟院에서, 약산 유엄 선사는 호남성 약산藥山에서 선풍禪風을 크게 일으켰다. 조주 종심 선사는 남전 보원 선사의 법을 이은 후 80세에 조주趙州 관음원에서 회상을 연 뒤 119세로 열반에 들 때까지 수행과 설법에 매진했다. 정사正史를 통틀어 최장수 스님이다.

이와 함께 선종의 6조이자 조사선을 완성한 육조 혜능 선사는 '조계曹溪 혜능' 선사라고도 한다. 중국 영남 소주부에 있는 조계산에 주로 머물렀기 때문이다. 선사의 유지를 계승하는 대한불교조계종은 명칭을 여기서 따왔다. 한편 마조 도일 선사는 '마馬'씨라는 속성俗姓을 그대로 법호로 써서 눈길을 끈다. 마조는 쉽게 말하면 '마씨 할아버지'라는 뜻이다. '지금 이대로의 마음이 부처의 마음'이라며 평상심을 강조했던 그다. 소탈했던 품성이 돋보이는 대목이다.

23

스님들이
애완동물을 키워도 되나?

언젠가부터 애완견 대신 반려견이란 말이 주로 쓰이고 있다. 단순히 재미로 키우는 개가 아니라 인생을 함께할 친구로서 예우해야 할 개라는 살가움이 담긴 말이다. 이는 우리 사회에 생명존중 사상이 상당히 자리를 잡았다는 지표이기도 하다. 한편으론 주인을 잘 만난 개는 웬만한 사람 팔자보다 낫다는 걸 보여주는 키워드다. 구멍가게에서조차 개 사료를 팔고 개를 시청자로 한 케이블TV까지 생길 정도다.

이와 함께 개에게는 없는 매력을 지닌 고양이를 향한 인기도 상종가를 치고 있다. 심지어 이구아나마저 가정집 안방을 버젓이 휘젓고 다니는 세태다. 인간과 함께하는 동물들의 종種과 생김새는 천차만별이지만, 공통적으로 인간에게 상처받은 인간의 마음을 치유하는 일에 기여하고 있다. 혈육이란 명분으로 고통만 주는 사촌보다는, 고통을 줄 자격이 없는 이웃사촌이 한결 나은 법이다.

절에서도 개는 흔하게 볼 수 있다. 스님들과 놀아주면서 소중한 불교문화재도 지킨다. 동시에 고양이의 개체 수가 늘어나면서, 무리지어 다니는 고양이들은 산사의 또 다른 풍경으로 정착했다. 애완동물의 성황은 승가에서도 예외가 아니다. 혼자 사는 스님이나 노스님들의 든든한 벗으로 자리했다는 것이 어느 비구니 스님의 귀띔이다. 출세간을 막론하고 외로운 사람들은 외롭다.

세간의 보편적인 문화로 자리한 애완동물 양육은 자연스럽고 합법적인 일이다. 국민의 한 사람인 스님에게도 유효하다. 그러나 계율상의 근거로 따지면 원칙적으로 금지된 행위라는 사실을 근자에 새롭게 알게 됐다. 조계종이 발간한 『승가청규僧伽淸規』를 주제로 2015년 9월 진행한 「불교신문」 좌담에서 패널

들은 "스님들이 애완동물을 키우는 문제도 차후에 어떤 식으로든 정리해야 한다"고 입을 모았다.

부처님은 『범망경梵網經』에서 "중생에게 손해를 끼치면 안 된다"며 "고양이, 살쾡이, 돼지, 개 따위를 기르지 말라"고 명시했다. 키우면 안 되는 동물을 명확하게 못 박은 점이 눈에 띈다. 이는 48경계輕戒 가운데 하나로 가벼운 죄이지만 어쨌든 죄다. 운문사 승가대학장 일진 스님은 "살쾡이는 물론이거니와 쥐를 잡아먹는 고양이를 당시만 해도 마뜩치 않게 여겼을 것"이라고 말했다. 더불어 "다른 생명을 잡아먹는 짐승뿐만 아니라 잡아먹기 위한 짐승도 기르지 않음으로써 보살로서의 윤리를 준수하라는 가르침"이라고 덧붙였다.

아울러 초기불교 율장에는 원숭이에게 먹이를 주다가 부처님으로부터 핀잔을 듣는 비구의 이야기가 나온다. 먹이를 바라고 자꾸만 찾아오는 원숭이들 때문에 절 안이 어지러워졌다. 수행 공동체의 단합 분위기를 해친다는 점 역시 꼬투리가 잡혔다. 그 비구가 수행자들과는 소통하지 않은 채 원숭이들과만 어울리려 했기 때문이다. 신규탁 연세대 철학과 교수는 "과거에 집에서 기르는 동물들은 오늘날 애완동물의 경우와 같이 정서적 교감의 목적이 아니라 철저히 잡아먹거나 부려먹기 위한 것이

었다"고 말했다. 다만 "지금과는 맥락이 다르지만 여하튼 경전에 명시된 내용이므로 애완동물 양육은 한번쯤 짚고 넘어가야 할 사안"이라고 지적했다.

　유기견을 데려다 키우는 일을 계율에 어긋난다고 비판할 사람은 없을 것이다. 반면 애지중지하던 반려견을 늙고 병들었다고 내다 버리는 일은 응당 죄악이다. 절 밖에서든 절 안에서든 애완동물 양육의 정당성은 동반자로 보느냐 소모품으로 보느냐에 따라 결정되게 마련이다. "산 것을 죽이는 일, 때리고 자르고 묶는 일, 훔치고 거짓말하는 일, 사기와 속이는 일, 그릇된 것을 배우는 일, 이것이 비린내 나는 일이지 육식이 비린내 나는 일이 아니다. 『법구경』"

24

선종禪宗에는 왜
6조까지만 있을까?

"본래 내가 이 땅에 온 뜻은 법을 전해 어리석은 이들을 제도하려는 것이었다. 한 송이의 꽃에서 다섯 꽃잎이 열리니, 열매는 자연히 맺어지리라. 『전등록』" 중국 선종의 초조初祖였던 달마가 2조 혜가에게 내린 전법게傳法偈다. 혜가가 깨달았음을 인증하는 노래. 또한 자신이 중국으로 건너온 이유와 앞으로의 선종사禪宗史를 내다보고 있다. 한 송이의 꽃과 다섯 꽃잎은 달마 본인과 그의 법맥을 계승한 혜가慧可, 승찬僧璨, 도신道信, 홍인弘忍, 혜능慧能 다섯 제자를 가리킨다. 이후 6조인 혜능 스님에 이르러 조사선祖

師禪은 뿌리를 내렸다. 달마의 예언은 적중한 셈이다.

'마음이 부처(즉심시불即心是佛)'임을 역설하며 조사선을 완성한 6조 혜능의 영향력은 절대적이다. 그의 법문과 행장을 모은 『육조단경』이, 다른 선사들의 그것처럼 록錄이나 어語가 아닌 경經으로 불린다는 점이 단적인 예다. 부처님이 친히 내놓은 말씀을 모은 책에만 '경'을 붙이는 것이 원칙이다. 곧 당시의 수행자들에게 혜능은 부처님과 동급이었다.

반면 6조를 끝으로 선사들의 계보가 뚜렷이 드러나지 않는 것이 사실이다. 직접적으로는 6조가 열반하면서 자신의 의발衣鉢을 아무에게도 전하지 않은 것이 원인이다. 스님이 자기가 지녔던 가사와 발우를 제자에게 물려주는 건 '그대는 나를 대체할 자격이 있다'는 인정이다. 기이한 문체와 방대한 사유로 유명한 소설가 박상륭이 쓴 『칠조어론七祖語論』에는 '자기가 곧 7조'라는 작가적 자부심이 배어 있다. 이는 그만큼 누구나 인정할 만한 7조가 역사상에 존재하지 않는다는 반증이기도 하다.

알고 보면 7조는 있었고 더구나 여럿이었다. 다만 계파에 따라 7조로 올린 인물이 제각각 달랐을 따름이다. 돈황석굴에서 발견된 『육조단경』은 "…홍인-혜능-신회" 순으로 법맥을 정리했다. 즉 하택 신회荷澤神會 선사가 7조인 것이다. 인가認可 직후 혜능은 선배들의 시샘에 남쪽으로 도망쳐야 했다. 남종선南宗禪 혜능의 라이벌이었던 신수神秀 계열의 북종선北宗禪에서는 대조 보적大照寶寂 선사가 7조의 자리를 꿰찼다. 다만 '자칭'이란 게 조금 께적지근하다. 『대조보적선사비』에는 "홍인은 신수에게 법을 전하고 신수는 나(보적)에게 전해서 지금의 7조가 됐다"고 적혔다. 한편 문헌상에 나타나는 최초의 6조는 혜능이 아닌 법여法如 선사였으며, 여기에 근거하면 7조는 '원규'다('당중악사문석법여선사행장唐中岳沙門釋法如禪師行狀』, 689년).

　보편적인 근거에 따르면 신회 선사가 명실상부한 7조다. 황제가 공인한 덕분이다. 신규탁 연세대 철학과 교수는 『화엄과 선』이란 책을 번역하면서 당나라 규봉 종밀 스님과 수행에 조예가 깊었던 정승 배휴裵休 사이에 오간 편지를 소개했다. "왜 6조까지만 있고 7조 8조 9조 10조는 없느냐"는 배휴의 질문에 규봉 종밀은 "7조는 있다"고 강하게 반박했다. 사연인즉 당나라 제9대 황제였던 덕종은 서기 796년 제 자식인 황태자에게 선종의 적통과 방계를 가리고 7조도 정할 것을 명했다. 이를 통해 옹립된 이가 바로 신회였다는 이야기다. 신룡사라는 사찰에 일련의 과정을 적은 비석을 세우고 덕종이 몸소 7대 조사 찬문을 지어 바쳤다고 한다. 아쉽게도 비석도 찬문도 오늘날에는 전해지지 않는다.

물론 '신회 7조설' 역시 의뭉스럽다. 그는 너무 정치적이었다. 안사安史의 난이 일어나자 병역 기피를 원하는 백성에게 승적僧籍을 대량으로 팔았다. 관군의 군사력에는 손해였으나 국익에는 도움이 되는 행위였다. 막대한 이문을 남겨 바닥난 국가 재정을 어느 정도 메워줬으니까. 황제의 신임도 이와 연관됐을 공산이 크다. 신회는 당초 신수의 문하였으나 신수가 토닥여주지 않자 혜능 쪽으로 돌아선 전력도 갖고 있다. 자신만이 혜능의 직계제자라고 강변하는 동시에, 신수에 대한 비판으로 평생을 보냈다. 혜능에 대한 신화화도 그가 주도했다.

신회는 혜능을 6조로 만든 주역이었으나 정작 자신은 7조를 지키지 못했다. 평상심으로 유명한 마조 도일 선사의 홍주종洪州宗이 주류로 부상하면서, 잔머리나 굴릴 줄 아는 지해종도知解宗徒로 위상이 급전직하했다. 홍주종은 공석이었던 7조에 마조의 스승이었던 남악 회양南嶽懷讓을 모셨다. 조계종 포교원 포교연구실장 원철 스님은 "7조는 6조가 물려주는 게 아니라 8조가 만드는 것"이라며 적통 논쟁의 그늘을 꼬집었다.

일견 허풍선이 양반들의 족보 싸움과 하등 다를 바가 없는 것이다. 희미한 7조의 실체는, 어쩌면 7조를 둘러싼 갈등이 심히 혼탁했던 탓인지도 모르겠다. 깨달음은 심인心印이라고도 한다. 육질의 등급을 표시할 목적으로 고기에 도장을 찍듯이, 마음의 품질을 보증한다는 뜻이다. 결국 도道를 깨우쳤다는 '인증샷'인 격이다. 그러나 깨달음이 권력으로 변질되는 순간, 심인은 한낱 고깃덩어리로 전락하고 만다. 그리고 그걸 한 점이라도 더 뜯어먹겠다고 꾀를 내고 세를 불리는 게, 불교사 이전에 인간사다.

25

장애인은 스님이 될 수 없다는데,
그 이유는?

조계종 승려법 제8조는 종단의 스님이 될 수 없는 사람들을 열거하고 있다. ▲실질상 속세 관계를 끊지 못한 자 ▲금치산자, 한정치산자 ▲파산자로서 복권되지 아니한 자 ▲형법상 피의자 또는 금고 이상의 형을 받고 복권되지 아니한 자 ▲난치 혹은 전염성이 있는 질병에 걸렸거나 정신 또는 신체 조건이 승가로서의 위신상 부적당한 자 ▲파렴치범의 전과자 ▲종단 미등록 사설 사암을 보유한 스님의 직계제자 등이다.

이유를 설명하자면 이렇다. 청정비구淸淨比丘의 기본은 독신이다. 당연히 배우자나 자녀를 거느려서는 안 된다. 이혼을 하고 친권을 포기하면 무방하다. 또한 신용불량자라면 빚부터 갚고 와야 한다. 범죄자 신분이거나 중범죄 전력자도 고결해야 할 승단에 응당 발을 디딜 수 없다. 금치산자와 한정치산자 항목에서 나타나듯, 정상적인 사고를 할 수 없으면 그것도 결격이다. 개인적으로 절을 소유한 스님은 각종 권리를 제한당하며 상좌上座에게도 민폐를 끼친다. 눈에 띄는 것은 '신체 조건이 승가로서의 위신상 부적당한 자'인데, 이는 장애인에 대한 완곡한 표현이다. 몸에 볼썽사나울 정도로 심하게 문신을 새긴 자도 포함된다.

'불구자'라고 명확하게 못 박지 않은 데에는 장애인에 대한 차별 논란을 피하기 위한 의도도 섞여 있다. 물론 엄밀히 이야기하면 장애 정도에 따라 출가를 허용하는 경우도 있기는 하다. 여부與否는 예비승에 해당하는 사미와 사미니 자격을 심사할 때 '갈마羯磨'를 통해 가른다. 조계종 계단위원회가 갈마의 주체다. 계단위원 덕문 스님(영축총림 통도사 율원장)은 "손가락 한 마디가 없는 정도는 괜찮고 문신의 경우엔 수술을 통해 많이 지웠다면 용인하는 편"이라고 말했다. 합리적으로 처결하되 여하튼 기본 전제는 건강하고 온전한 신체란 전언이다.

실제로 입산入山을 받아달라는 장애인 불자들의 청원이 간간이 제기된다는 게 종단 인사人事 관계자의 귀띔이다. 그러나 신체적으로든 정신적으로든 장애가 있는 경우에는 종단으로 출가를 할 수 없는 것이 원칙이다. 조계종 '출가' 사이트는 "수행 생활이나 승가 공동체의 대중 생활이 힘들기 때문"이라고 거절의 이유를 밝히고 있다. 친절한 말투지만 석연치는 않은 느낌이다.

수행이란 몸이 아니라 마음을 닦는 일이다. 눈이 멀었거나 팔다리가 없다고 해서 수행이 불가능한 것은 아니라는 반론이 가능하다. 단적으로 선종의 2조 혜가는 외팔이였다. 어쩌면 거동이 버거운 도반道伴을 도우며 일정한 불편을 감수하는 게 진정한 대중 생활이 아닐까 싶다. 더구나 출가를 한 이후에 장애를 입은 경우는 문제 삼지 않는다. '인정상 차마 쫓아낼 수가 없어서'라지만, 아무튼 형평성에는 어긋난다.

그러나 무턱대고 차별이라 몰아세울 수 없는 것이, 부처님조차 장애인의 출가를 허락하지 않았기 때문이다. 외려 지금보다 훨씬 더 엄격하고 까다로웠다. 율장에 의하면 수행할 수 없을 만큼의 장애는 물론이거니와 정상인과 비교해 조금만 달라도 받아주지 않았다. 몸에 얼룩이 있어도, 머리카락과 털이 없어도, 심지어 좌우 어깨가 기울었거나 눈이 심하게 찢어진 경우에도 불합격이었다.

신神을 숭배하는 여타 종교와 달리, 출가수행자라는 '인간'을 귀의의 대상으로 삼는 게 불교다(승보僧寶). 그만큼 건전한 마음과 건전한 몸을 지닌 사람을 신중하게 엄선할 필요가 있었던 것이다. 성직자에 걸맞은 '육체적' 권위를 지녀야 한다는 주장은 일견 수긍이 가기는 한다. 교단의 법률가인 율사律師 스님들은 장애인 출가와 관련한 언쟁과 불만을 대부분 이런 식으로 정리한다. "정말로 불법을 좋아하고 수행하려고 한다면 굳이 출가의 길을 걷지 않아도 된다." '스님'이, 벼슬은 아닐 것이다.

26

불립문자不立文字, 말을 하지 말라는 뜻인가?

　　말은 약이면서 독이다. 위로는 힘이 되는 반면 비난은 칼끝과 같다. 막말과 뒷말은 귀에 거슬리고 험담과 잡담은 피곤하다. 말 한마디 잘못해서 신세를 망치는 경우도 여럿이다. 말본새가 그 사람의 인격과 동일시되는 게 인간사이니, 입조심만 해도 중간은 가는 게 이치다. 또한 더럽고 치졸한 말을 내뱉는 사람과는 아예 말을 섞지 않는 게 정신건강에 이롭다. 언어는 생각의 그릇이라지만, 그릇된 생각을 담은 언어라면 그냥 엎어버리는 게 낫다.

묵언默言은 가장 간단한 수행법이다. 쉽게 말해 '말을 하지 않는 것'이다. 독선을 꾸짖고 화합을 권하는 불교에서는 말을 아끼는 게 미덕이다. 마음이 탁하고 뒤가 구릴수록 말이 많아지는 법이니까. 그래서 '개구즉착開口即錯'이라고도 했다. '말하는 순간 틀린 말이 된다'는 뜻이다. 언어의 숙명은 분절分節이어서, '이것'을 말하는 동시에 '이것 아닌 것'이 갈라져 나오고 만다. 이것에 아무리 해박하더라도 이것 아닌 것에는 무지하게 마련이다. 그리고 모르니까 외면하고 차별하고 멸시한다.

한걸음 나아가 선사들은 동념즉괴動念即乖도 가르쳤다. 『선가귀감禪家龜鑑』에서 전하는 말로 '생각은 일어나는 순간 어그러진다'는 의미다. 마녀사냥이나 인종청소에서 보듯 '바름'이라는 소신은 '삿됨'보다 더 악랄한 삿됨으로 변질되기 일쑤다. '문자를 세우지 말라'는 불립문자不立文字도 이와 비슷한 맥락이다. 도불가설道不可說이다. 언어로 표현된 진리는 왜곡된 진리요 말뿐인 진리다. "일체의 모든 법은 오직 망념에 의해서 차별이 있을 뿐이다. 그러므로 법은 본래부터 말로 설명할 수 있는 것이 아니다. 『대승기신론』"

하지만 그리 단순한 문제가 아닌 것이 '불립문자'라는 가르침도 결국은 말이라는 것이다. 중국 선종의 6조인 혜능은 조사선의 완성자로, 불립문자의 근간을 다진 인물이다. 그러나 그조차 『육조단경』에서 문자에 대한 복잡한 심경을 드러낸다. "불립문자를 말하지만, '불립'이라는 두 글자도 문자"라고 전제하면서 "이미 문자를 쓰지 않는다고 했으면 문자를 아예 사용하지 말아야 할 것"이라고 꼬집었다. 요컨대 사람에게 입이 있는 이상 말을 할 수밖에 없는 운명인데, 억지로 말을 하지 않는다면 이 역시 본성에 위배되는 일인 셈이다.

이렇듯 인간은 언어를 떠날 수 없다. 그래서 혜능도 시인한 '불리不離 문자'의 질곡을 외려 '양성화하는' 움직임이 훗날 선가에 나타난다. 송대宋代에 이르러 새로운 조류로 형성된 문자선文字禪이다. 아름답고 신비로운 문장으로 선禪의 궁극을 표현하겠다는 게 문자선주의자들의 목표였다. 문자선은 인쇄 기술의 발달과 함께 시문詩文에 능한 사대부와 선사들 간의 왕성한 교류에 힘입어 흥행했다. 다만 문약文弱이 약점이었다. 글솜씨에만 지나치게 몰입한 나머지 선 특유의 일상성과 생명력을 잃었다는 반발을 샀다. 그리하여 등장한 것이 오늘날 대한불교조계종의 정통 수행법으로 자리한 간화선看話禪이다.

간화선은 화두를 글재주에나 써먹으려 드는 문자선, '본래 부처'이니 수행할 필요가 없다는 무사선無事禪, 좌선한답시고 조용한 장소만 찾아다니는 묵조선默照禪에 대한 반성에서 출발했다. 양평 상원사 용문선원장 의정 스님은 "행주좌와어묵동정行住坐臥語默動靜. 곧 앉아서만이 아니라 서서도 걸으면서도 심지어 누워서도 화두를 놓지 않는 게 간화선의 진짜 모습"이라며 "번잡하고 경박한 세상 속에서도 인생에 대한 진지한 관점과 성찰을 놓지 않는 것이 화두 정진"이라고 말했다.

'개에게는 불성이 없다'는 조주 종심 선사의 화두는 유명하다. 하지만 『종용록從容錄』에서 조주는 불성이 있다고도 했다. 없다면 "(스스로를 개만도 못한 존재로 여기는) 업식業識이 있어서"이고, 있다면 "알면서도 일부러 부처가 되지 않은 것"이라고 했는데, 자못 애매한 대답이다. 고매한 선승의 '오리발' 작전은 '있다' '없다' 또는 옳으네 그르네, 아니면 내편입네 네편입네 분별에 얽매여 고집을 피우거나 번뇌를 자초하거나 상처를 입히지 말라는 당부로 읽힌다. 혜능은 『법화경』을 3,000번 읽었다고 뻐기는 법달法達을 다음과 같이 힐책했다. "마음이 바르면 『법화경』을 굴리고, 마음이 바르지 않으면 『법화경』에 굴려지는 법이다."

27

혜명화, 무량심, 진여성…
여성 신도의 법명은 왜 세 글자일까?

계戒는 불자가 지켜야 할 행동 지침이다. 오계五戒가 기본이다. '다른 생명을 죽이거나 피해를 입히지 말라'는 불살생不殺生, '거짓말하지 말고 욕하지 말라'는 불망어不妄語, '외간 남녀와 바람을 피우지 말라'는 불사음不邪淫, '남의 물건을 도둑질하거나 주지 않은 것을 가지지 말라'는 불투도不偸盜, 그리고 '이 모든 악행을 유발하는 술을 마시지 말라'는 불음주不飮酒. 이 다섯 가지를 가리킨다. 느끼는 주당들이 많을 것이다.

스님이나 신도나 계와 함께 받는 것이 있다. 법명法名이다. 법명을 부여하는 일은 매우 오래된 전통이다. 부처님 당시에도 있었다. '아나따삔디까' 장자長者의 경우 부처님에게 귀의하기 전의 이름은 '수닷타'였다. 장자란 부유한 사람을 뜻한다. 사리불 존자尊者의 본명은 '우빠띳사'였는데, 부처님 문하에 들어선 후에는 '사리舍利의 아들'이란 뜻을 지닌 '사리푸트라'로 기록됐다. '사리'는 지혜다. 속명이 '꼴리따'였던 목련 존자 역시 출가하면서부터는 '마하목갈라나'로 불렸다.

법명은 한국불교에서도 보편적인 문화다. 어른 스님들이 '제2의 인생'을 축복하며 새로 지어주는 이름이다. 불교에 입문한 만큼 참된 부처님의 제자로 거듭나라는 취지다. 불명佛名 또는 계명戒名이라고도 한다. 그렇다고 스승에게서 받았다 해서 평생그 이름으로 살아야 할 필요는 없다. 스님들도 영 마음에 들지 않으면 스스로 개명도 한다. 자유민주주의 사회다.

스님이 신도에게 법명을 줄 때 일정한 패턴이 있기는 하다. 법명을 받는 당사자의 신심信心과 원력願力을 독려하고 선행善行을 촉진하기 위해 짓는 것이 일반적이다. 예컨대 올곧게 수행 정진하라는 차원에서 주로 법명에 법法이나 진眞을 넣는다. 성격이 모난 이에게는 원圓이나 자慈와 같은 한자를 붙여 너그러움과

여성신도의 법명은
왜 세글자일까?

친화력을 일깨운다. 물론 정해진 규칙은 없다. 내용이 불교적이고 듣기에 거북하지 않으면 무엇이든 무방하다.

불교 교단은 비구(남자 스님)와 비구니(여자 스님), 우바새(남자 신도)와 우바이(여자 신도)로 구성된다. 그래서 사부대중四部大衆이다. 이상한 것은 통상적으로 법명은 두 글자이지만, 유독 여성 신도에게는 세 글자로 된 법명을 준다는 점이다. 혜명화, 무량심, 진여성 등이 비근한 사례다. 마지막 글자인 '화華' '심心' '성性'은 일종의 접미사적 성격을 띤다. 이밖에도 각覺, 광光, 덕德, 도道, 도度, 등燈, 력力, 신信, 행行, 향香 등의 음절이 사용된다.

'세 글자 법명'은 한국불교에만 있는 독특한 관습으로 알려졌다. 그래야 한다는 경전적인 근거가 있는 것도, 언제부터 그랬다는 문헌 기록이 있는 것도 아니다. 단지 조선시대 후기부터 시작됐다고 추정할 따름이다. 임진왜란과 병자호란 양난 이후 대대적인 경전 판각 사업이 전개되는데, 시주자 명단에 세 글자 법명이 발견된다는 전언이다. 여하튼 오늘날까지 주는 사람이나 받는 사람이나, 별다른 의심이나 불만 없이 받아들이는 관행이다.

최근 김응철 중앙승가대 포교사회학과 교수는 '법명의 유형과 원리 분석'을 주제로 논문을 발표해 주목받았다. 하지만 그 역시 세 글자 법명과 관련해 명쾌한 해답은 내놓지 못했다. 그래도 불교 전반에 해박한 전문가다. "여성 불자들이 남성보다 적극적으로 신행 활동을 하기 때문에, 이를 더욱 격려한다는 맥락에서 한 글자를 더 붙인 것이 아닌지 추측해 볼 뿐"이라고 밝혔다.

'치마 불교'라는 말에서 보듯, 우리나라 여성 신도의 열성적인 신심과 원력은 유명하다. 이들의 보시와 봉사 없이 사찰이 존속되기 어렵다는 건 모든 스님이 인정하리라 확신한다. 결국 '세 글자 법명'은 이들의 실천적 성향을 극대화하려는 의도에서 유래했다고 보는 게 현재로선 가장 그럴듯하다. 예컨대 여래심如來心이라 법명엔 '부처님과 같은 마음을 내라'는 당부가 깔려 있다. '혜명화'도 부처님의 지혜 광명을 '실제로' 꽃피우라는 것이다.

한편으로는 관세음보살이 여성화되면서 비롯된 현상이란 의견도 보인다. 자비의 화신인 관세음보살은 동아시아로 건너와 자애로운 어머니라는 상징을 갖게 됐고, 기복祈福의 주된 대상으로 자리매김했다. 흔히 여성 신도를 '보살'이라고 부르는 것도 이와 일맥상통한다. 같은 맥락에서 세 글자 법명은 '관세음'이란 세 글자의 변용이란 관점이다. 일각에선 초기불교에서 쓰던 빨리어나 산스크리트에 있는 여성 어미의 흔적이라고 짐작하기도 한다. 여성 스님을 '비구'에 '니'를 붙여 '비구니'라 하지 않는가. 간단하게 생각하면 이게 정답인 듯도 싶다.

이즈막엔 두 글자 법명을 요구하는 '우바이'가 많아졌다는 소식이다. 세 글자 법명을 여성에 대한 또 다른 차별로 여기는 까닭이다. 해인총림 해인사 율원장 서봉 스님은 "두 글자든 세 글자든 자수字數가 중요한 게 아니라 법명의 의미와 법명대로 살겠다는 의지가 관건"이라고 말했다. 어찌 보면 당연한 말이다. 요컨대 청정하고 바른 이름인 만큼, 정성껏 지어주고 마음을 다해 받들어야 한다는 결론이다. 자식의 인생을 저주하며 이름을 지어주는 부모는 없다. 이름대로만 살아도 본전은 건진다.

28

어떤 스님을
'큰스님'이라고 부르나?

지위와 덕망이 높은 노스님을 흔히 '큰스님'이라고 부른다.
'큰스님 계십니까?' '저의 큰스님(은사)께서는' '○○큰스님 초청
수계법회' 등등 불자들에겐 낯익은 단어다. 대사大師를 순우리
말로 옮긴 존댓말로 추정된다. 달마 대사, 서산 대사, 사명 대사
할 때의 그 대사다. 스님의 유력한 어원이 '스승님'이니, 그럴 법
도 하다. 과거의 승려는 당대의 사상계를 주도하고 인민을 계몽
하던 지성인이었다.

포털사이트 네이버에 등재된 사전적 의미는 '덕이 썩 높은

생불生佛.' 당연히 표준말이다. '큰스님'의 어감은 입에 착착 감기는 편이다. 울림소리(ㄴ, ㅁ)와 안울림소리(ㅅ)가 적절하게 배합된 결과다. 고유어에서 비롯된 푸근한 정서도 폭넓은 통용에 한몫하고 있다. 부르는 사람의 마음이 애틋하고 무엇보다 듣는 스님도 흐뭇하다. 다만 큰스님의 기준이란 게 딱히 명확하지는 않다. 어느 정도 연로해 보이고 명망이 있다면 큰스님이라고 존칭하는 게 보통이다. 그래야 괜한 핀잔과 뒷말을 면한다. 그러나 과유불급. '큰스님'의 지나친 남발은 큰스님의 무게감을 떨어뜨리기도 한다.

불교계 종사자들은 간혹 서로에게 '큰사무장' '큰종무원' '큰팀장' '큰기자' 운운하며 우애를 다진다. 일견 '큰스님'에 대한 희화화가 깔린 농담이다. 또 상대방을 직접적으로 큰스님이라고 지칭할 경우 외려 결례가 될 수도 있다. '참 대단하십니다그려'라는 반어법의 느낌이 난다. 이와 함께 스님이 자기를 '○○스님'이라고 높여 부르는 일도 일견 부자연스러운 어법으로 들린다. 대통령이 스스로를 '대통령님'이라고 지칭했다가는 여론의 뭇매를 맞기 십상인 것과 같은 맥락이다.
여하튼 '큰스님'이란 호칭은 오래된 전통으로 짐작된다. 옛날 신문을 뒤지면서 얻어낸 추론이다. 1971년 3월 27일자 「동아일보」에는 '수도승修道僧 - 견성성불과 중생제도로 가는 번뇌와 고행'이란 제하의 특집이 실렸다. 여기에 '청담 큰스님'이란 표현이 등장하는데, 전산화된 신문 기사에서 볼 수 있는 최초의 '큰스님'이다. 불교정화운동의 주역이자 조계종 제2대 종정을 지낸 청담 스님을 가리킨다. 그해 청담 스님의 입적을 보도한 기사에서도 스님은 큰스님으로 기려졌다(1971년 11월 19일자, 「경향신문」「매일경제」). 큰스님이란 단어 사용에 대해 특별한 각주나 신조어란 설명이 없는 것을 감안하면, 이때에도 자연스럽게 유통되던 낱말이었음을 짐작할 수 있다.

실제 '큰스님'에게 내력을 여쭤볼 만큼 궁금했다. 1953년에 출가해 조계종 포교원장 등을 지낸 경주 불국사 회주 성타 스님은 "내가 입산할 즈음에도 큰스님이란 표현은 지금처럼 보편적으로 쓰였다"고 회상했다. 그러면서 "아마도 1446년 훈민정음이 반포되고 많은 어휘의 한글화가 진행되면서 백성들 사이에 자연스럽게 정착됐을 것"이라고 견해를 전했다. 고승대덕高僧大德과 같은 딱딱한 한자어가 정다운 우리말로 거듭났으리란 이야기다.

한편 큰스님에 값하는 존칭 가운데 대표적인 것이 화상和尙이다. 가르침을 주는 본보기를 일컬으며, 종단의 전계대화상傳戒大和尙은 스님들의 수계授戒를 관장하는 최고의 어른이다. 더불어 선 수행에 조예가 깊으면 선사禪師, 계율에 투철하면 율사律師, 경전에 해박하면 강백講伯으로 기린다. 선지식善知識 역시 경지에 이른 수행자이자 귀감이 되는 지도자를 받드는 말이다. 노파심에 덧붙이자면 '고요할 선禪'이 아니라 '착할 선善'이다. 조계종의 원류가 선종이고 한국불교가 선禪을 중시하는 대세이다 보니, 가끔 착각하는 이도 있다.

큰스님이란 공경과 예우에는 신도들의 순정한 존경심이 묻어난다. 하지만 일각에서는 "큰스님이 있으면 작은스님도 있겠네"라고 비꼬며 차별을 조장해선 안 된다고 비판한다. 부처님 아래에서는 모두가 평등하다는 일불제자─佛弟子의 논리에 따른 손가락질이다. 사실 큰스님 호칭의 여부는 당사자의 내실이 아니라 위세에 근거해 판단하는 일이 허다하다. 속물들을 위한 높임말은 아니어야겠다.

29

절은 왜
산속에 많은가?

한반도는 산山들의 땅이다. 전 국토의 70퍼센트가 산지이며, 웬만한 촌락의 뒤편에는 뒷산이 있다. '산'의 인문적 가치는 '높음'이라는 물리적 현상과 '오름'이라는 실존적 도전으로 완성된다. 산을 등반하는 자는 중력과 피로에 맞서며 세상과 맞서 싸울 힘을 기른다. 그러나 막상 정상에서 내려다보는 세상은 평온하거나 우습다. 무엇보다 만물을 두루 포용할 수 있는 자리여서, 부처님을 앉혀 두기에 걸맞다.

우리나라 사찰은 위치에 따라 평지형, 산지형, 석굴형 등으로 분류할 수 있다. 석굴형 사찰은 천연 혹은 인공 석굴 안에 지은 절이다. 대표적인 것이 불국사 석굴암. 공간이 은밀하고 시원하고 고즈넉해 주로 기도 도량으로 활용됐다. 평지형 사찰은 예로부터 나라의 도읍지 부근에 형성됐다. 주로 왕실의 원찰願刹 역할을 했는데 많은 도시인이 자주 오가면서 불교의 대중화에도 기여했다. 고려의 개성 영통사, 백제의 익산 미륵사지 등이 이런 식이다. 불교를 국교로 삼았던 삼국시대, 통일신라시대, 고려시대에 성행하던 패턴이었다. 그리고 널따란 토지를 소유했던 교단은 대지주 계급에 속했다.

산지형 사찰이 가장 보편적이다. 이유는 여러 가지를 들 수 있는데, 우선 탈속주의와 풍수지리설의 영향 때문이다. 마을과 떨어져 우뚝 솟은 산은 가까이하기 어렵다. 그래서 멋지고 그래서 신령하다. 앞서 밝혔듯 우리나라는 산악신앙이 유행하기에 알맞은 지리적 조건이다. 조상들은 국토의 시원지를 백두산으로 삼았고 산신이 나라를 지켜준다는 믿음이 강했다. 곤란에 처하거나 가뭄이 들면 산신에게 운명을 맡겼다. 비로봉, 관음봉, 문수봉, 보현봉, 나한봉, 천왕봉 등등…. 명산 봉우리들이 불보살의 이름들로 장식된 사실에서도 산악신앙의 강렬함을 엿볼 수 있다.

산지형 사찰은 세속 권력과 거리를 두기 위한 방편이기도 했다. 신라 말 선승의 결집을 이룬 구산선문九山禪門은 말 그대로 산문山門이다. 아홉 개의 산에 각각 자리한 선찰禪刹들은 수도였던 경주와 일정하게 떨어져 제도권의 귀족적 불교에 저항했다. 아울러 수행과 청빈으로 일관한 생활로 민중의 공감과 지지를 얻었다.

풍수지리학을 국내에 도입한 도선국사道詵國師의 산천비보설山川裨補說은 산악신앙에 이론적 풍성함을 더했다. 산천비보설이란 기력이 쇠진한 땅에 기를 불어넣어 튼튼하게 만들어주는 일을 지칭한다. 풍수학적 관점에서 산은 살아있는 생명체다. 땅도 사람과 같아 필자가 끊임없이 오르내린다는 지리쇠왕설地理衰旺說, 산천순역설山川順逆說 역시 이와 같은 맥락이다. 도선국사는 지형이나 지세는 국가와 개인의 길흉화복을 좌우할 만큼 매우 중요하다고 봤다. 이러한 전제에서 마치 인체에 뜸을 놓듯이, 기운을 북돋워야 할 산에 절과 탑을 세워야 한다고 주장했다. 그의 막강한 후견인이었던 고려 태조 왕건이 이를 충실히 실천했다.

물론 직접적이고 결정적인 원인은 조선 왕조의 숭유억불崇

儒抑佛 정책이었다. 이성계와 정도전을 비롯한 조선의 집권층은 중앙 집권 체제의 강화를 위해 사찰과 스님들을 희생양으로 삼았다. 절 땅을 몰수해 세수稅收를 비약적으로 증장시켰고, 승려의 대량 환속 조치로 군역을 충당할 머릿수를 대폭 늘렸다. 3대 임금 태종은 242개의 사찰만 남겨 두고 모조리 없앴다. 그나마 명맥을 잇던 승과僧科(승려 과거 제도)를 폐지하고 대다수의 스님을 관노官奴로 삼았던 연산군은, 폐불廢佛에서도 압도적인 폭군이었다.

결국 빈털터리가 된 데다 천민 취급을 받아야 했던 스님들이었다. 백성들의 눈에 띄는 곳에서는 도저히 남아날 수가 없었다. 왕족이 복을 빌던 극소수의 원찰을 제외하고는 모든 절이 산속으로 숨어들어 무속과 함께 연명했다. 그러나 기어이 살아남은 절들은 유서 깊은 문화재로서, 국가의 재정적 지원을 받으며 오늘날까지 명성을 이어가고 있다. 상전벽해이고 고진감래다.

30

먼지 안에
우주가 들어 있다고?

"지극한 마음으로 온 세계 항상 계신 거룩하신 부처님께 절
하옵니다." 대한불교조계종이 표준으로 정한 『한글 예불문禮佛
文』에 나오는 글귀다. '지심귀명례至心歸命禮 시방삼세十方三世 제망
찰해帝網刹海 상주일체常住一切 불타야중佛陀耶衆'이란 한문 구절을
번역했다. '야耶'는 '~에게'라는 조사이며 '중衆'은 복수를 가리
키는 대명사이므로 '모든 부처님에게'라는 의미가 된다. '제망찰
해'는 인도 신화의 천신天神에 해당하는 제석천帝釋天이 짜 놓은
그물처럼 무궁무진한 국토와 바다를 가리킨다. 이와 맥락이 비

숫한 시방삼세는 바로 불교의 공식적인 세계관이다. 시방은 본래 십방+方이다. 동일한 자음이 겹치면서 소리내기가 불편하다보니, 자연스럽게 받침 'ㅂ'이 소멸됐다. 경전을 독송할 때 '석가모니불'을 '서가모니불'로 발음하는 경우와 유사하다. 아무튼 시방은 사방四方(동·서·남·북)과 사유四維(북서·남서·남동·북동) 그리고 상하, 이렇게 열 가지 방향을 나타내는 삼차원 입체다. 그리고 과거 현재 미래를 총칭하는 낱말이 삼세三世다. 곧 시방삼세란 인간이 인식할 수 있는 시공간 전체를 일컫는다.

시방세계보다 확장된 개념이 삼천대천세계三千大天世界다. 한 개의 태양과 한 개의 달을 가진 공간 즉 현대적으로 말하면 태양계 하나를 일세계로 친다. 또한 태양계가 1,000개 합쳐진 공간을 소천小千세계라고 하는데, 은하계로 이해하면 쉽다. 나아가 1,000개의 소천세계가 중천中千세계, 1,000개의 중천세계가 대천세계다. 궁극적으로 대천세계는 소중천 3중의 세계가 겹쳐진 것이므로 삼천대천세계라 한다. 삼천대천세계가 최대 규모의 공간이라면 불교에서 가장 긴 시간 단위는 겁劫이다. "사방 40리나 되는 성城 안을 가득 채운 겨자씨를, 100년마다 딱 한 번씩 새가 날아와서 한 알씩 물고 가는데, 그 겨자씨가 모조리 없어질 세월일지라도 채 1겁이 되지 않는다. 『잡아함경』"

147

옛사람들의 놀라운 상상력이 돋보이는 대목이다. 하지만 '삼천대천세계'나 '겁'이나 사실은 사소한 것에서 비롯된다는 게 대승불교의 입장이다. 원효 스님과 함께 통일신라시대 지성의 쌍벽을 이뤘던 의상 스님은 『화엄경』 법성게에서 다음과 같이 노래했다. "일미진중함시방一微塵中含十方 일체진중역여시一切塵中亦如 是 무량원겁즉일념無量遠劫卽一念 일념즉시무량겁一念卽是無量劫. 한 알의 티끌 속에 우주가 들어 있고 낱낱의 티끌이 모두 그러하다. 한없는 시간이라도 알고 보면 한 생각에서 싹트며 한 생각이 결국은 한없는 시간이다."

'개체가 곧 전체이며 전체가 곧 개체'라는 '일즉다 다즉일 一卽多 多卽一'의 논리는 현대과학으로 입증되기도 했다. 눈송이나 고사리 잎에서 보듯 하나의 개체가 끊임없이 증식하면서 동일한 모양으로 전체의 구조를 이룬다는 프랙털Fractal 이론이다. "세계는 사건들이 복잡하게 얽힌 조직처럼 보인다. 이 조직에서 다양한 유형의 관계들이 교차되고 겹치고 결합하면서 전체 구조를 결정한다." 불확정성의 원리를 발견하고 양자역학을 창안한 베르너 하이젠베르크의 말이다. 세상 돌아가는 이치를 알고 싶다면, 당장 내 마음이 돌아가는 꼬락서니부터 보면 된다.

해외 포교의 선구자였던 숭산 스님이 자주 강조해 유명해진

'세계일화世界—花'라는 경구에도 이와 같은 원리가 숨어 있다. 시간과 공간은 무한히 연결된다. 결국 지금 목전에 보이는 꽃 한 송이 안에는 우주의 기운과 태고太古의 향기가 들어 있다는 것이다. 연기緣起의 법칙 아래서 모든 존재는 서로 영향을 주고 받으며, 다른 존재와의 차이에 의해서만 비로소 독자적인 의미를 갖는다. 이는 아무리 보잘것없는 생명이라도 반드시 쓸모가 있으며 그 모습 그대로 존귀하다는 가르침이기도 하다. 산은 산이어서 아름답고 물은 물이어서 아름답다. 윗사람은 아랫사람에 힘입어 빛이 나는 법이다.

일념즉시무량겁—念卽是無量劫. 삼라만상은 그 자체가 아니라 삼라만상이 있다는 '생각'에서 비롯된다. "삼천대천세계를 칠보七寶로 가득 채우더라도 '눈앞에 보이는 형상에 집착하지 말라'는 사구게四句偈를 전하는 복덕보다 못하다"는 『금강경』의 설법은 심오하다. 세상은 필연적으로 마음속의 세상이다. 알베르트 아인슈타인은 이렇게 말했다. "'존재한다는 것'은 실제로는 우리가 정신적으로 만들어낸 것에 불과하다. 곧 하나의 가정假定일 뿐이다." 마음을 어떻게 쓰느냐에 따라 사람은 얼마든지 변화할 수 있다. 내가 미워하는 그대는, 언젠가 나였으리라.

31

'수리수리마수리'는
무슨 뜻일까?

　원하는 바를 얻고 싶을 때 주문呪文을 외는 건, 동화의 흔한 패턴이다. 주인공은 주문을 외면서 엄청난 부를 획득하거나 초인적인 괴력을 발휘한다. 소원 성취와 직결된다는 점에서 또한 뜻을 알 수 없는 신비한 말이라는 점에서 주문은 종교성을 지닌다. 만화에서 자주 언급되는 '수리수리마수리'는 누구나 익히 들었을 만한 주문이다. 『천수경千手經』에 나타나는 '수리수리 마하수리 수수리 사바하'라는 정구업진언淨口業眞言에서 유래했다. 입을 깨끗하게 하는 진언眞言이다.

진언의 사전적 의미는 '불보살을 향해 기도하거나 의식에 신령한 힘을 불어넣기 위해 외우는 주문'이다. 산스크리트 만트라 mantra를 번역한 말이다. 비교적 긴 진언은 다라니陀羅尼라 한다. '옴마니반메훔'은 가장 대표적이면서도 간결한 진언이다. 관세음보살의 위력에 힘입어 살아서의 모든 죄악을 씻고 최상의 지혜와 복락을 거머쥘 수 있다는 믿음으로 왼다. '수리(깨끗하다) 수리 마하(크다)수리 수수리 사바하(원만히 이뤄지다)' 역시 신앙심의 절정이다. '마음이 더 이상은 청정할 수 없을 만큼 청정하니 만사형통하지 않을 수 없으리라'는 자기암시를 담고 있다.

광명光明 진언도 비로자나불이 영원한 행복을 가져다준다는 말이다. '옴 아모카 바이로차나 마하 무드라 마니 팥마 즈바라 프라바를테야 훔.' 이밖에 능엄주楞嚴呪는 매우 긴 진언이자 많은 불자가 전체를 암송하기 위해 노력하는 진언이다. '스타타가토 스니삼 시타타파트람 아파라지탐 프라튱기람다라니 나맣 사르바 붇다 보디 사트베타남 사 삼붇다 코티남 사스라바카 삼가남 로케아르 한타남 ….' 실제로 온라인에서는 능엄주 기도에 대한 문의와 체험담이 쉽게 발견된다. 집중력을 높이고 번뇌를 정화할 수 있어 어린아이마저 '개인기' 삼아 암기하는 형편이다.

진언은 구태여 뜻을 해석하지 않는 것이 원칙이다. 능엄주 기도와 여타 간경看經 기도 수행법 사이의 극명한 차이는 글자의 불가독성에 있다. 의미를 분석하기보다 무작정 일심一心으로 외는 것이 먼저다. 부처님을 이해하는 것을 넘어 부처님과의 합일을 꿈꾸는 것이다. 그리고 이러한 비非언어성에 진언의 묘미가 있다. 이성운 동방대학원대학교 연구교수는 "입으로 이런저런 말을 하다 보면 '옳다 그르다'는 분별심으로 인해 구업을 짓게 마련"이라면서 "얼핏 무의미한 말을 되풀이하면서 말하고 싶은 욕구를 분출하다 보면, 편견과 원망이 끊어진 사마띠(선정禪定)에 이르게 된다는 게 진언 수행의 장점"이라고 설명했다.

진언의 힘은 결국 주술의 힘이다. 상서로운 주문을 지극정성으로 외움으로써, 부처님에 필적하는 힘과 기쁨을 누리고 싶다는 소망의 투영이다. 진언 수행을 '힘 력力' 자를 넣어서 이른바 '주력呪力'이라고 일컫는 데서도 이러한 맥락을 읽을 수 있다. 최근 주력에 열중하고 있다는 조계종 불교문화재연구소장 일감 스님은 "인과관계를 규명할 순 없으나 이른바 부처님의 가피를 체질적으로 실감하고 심신이 쾌적해지는 건 분명한 사실"이라고 밝혔다.

간화선부터 간경과 염불 그리고 주력까지…. 모든 수행의 의

의는 하나같이 지관止觀으로 수렴된다. 잡다한 의식 활동을 멈추고 고요한 마음으로 되돌아가 삶을 바로 보는 일이다. 곧 어떤 수행을 하든 마음에서 독을 빼는 게 우선이란 이야기다. 그 옛날 문맹이었던 구정九鼎 선사는 '즉심시불卽心是佛(마음이 곧 부처다)'이란 법문을 '짚신이 부처다'로 잘못 알아들었다. 그러나 고래힘줄을 삶아먹은 '헝그리' 정신으로 밀어붙이면서 틀린 화두로도 끝내 깨달음을 이뤘다는 일화는 울림이 크다. 진언은 그릇된 생각으로 오염된 마음을 씻는 '참된 말'이다. '말이 되지 않는 말'이지만, 적어도 '말 같지 않은 말'보다는 훨씬 나은 말로 들린다.

32

비슷하게 생긴 나치 문양(卐)과 만卍자,
히틀러는 불교를 믿었나?

흔히 나치로 불리는 나치스 Nazis는 20세기를 통틀어 가장 악랄한 사고뭉치로 평가된다. 아돌프 히틀러가 창당한 '국가사회주의독일노동자당'의 준말로 반유대주의 게르만족지상주의 반민주주의 등 온갖 못된 이념으로 무장했다. 그러나 제1차 세계대전 패배와 경제대공황으로 자존감이 바닥을 치던 독일 국민은 '강한 조국'을 외치며 꼬드기는 히틀러에게 나라를 맡겼다. 1933년 히틀러가 집권한 이후 벌어진 사태는 모두가 익히 아는 바다. 제2차 세계대전과 유태인 대량 학살로 유럽은 아비규

환이 됐다. 종전된 지 70년이 넘은 오늘날까지, 독일 정부는 여기저기 백배사죄하면서 히틀러와 그의 추종자들이 싸놓은 똥을 치우고 있다.

세계대전 이후 독일군은 한동안 악당의 대명사였다. 승전국인 미국에서 제작된 전쟁 영화에서 이들은 누구보다 잔인하고 냉혹했는데, 악역이어서 언제나 졌다. 어린 시절 TV에서 이런 영화를 많이 틀어줬다. 뒷목까지 덮는 철모 그리고 각진 'S' 자 두 개를 45도로 눕혀 겹쳐놓은 나치 문양(⚡)은 여전히 뇌리에 선명하다. 그들의 새빨간 깃발과 완장에 보이는 이것은 독일식 이름으로 '하켄크로이츠'라 한다. 하켄haken은 영어의 '훅스hooks'와 같은 뜻으로 갈고리를 지칭한다. 크로이츠kreuz는 영어로 크로스cross, 곧 갈고리십자가라는 의미다. 국가사회주의Staatssozialismus의 약자로도 해석할 수 있다. 신기하게도 불교의 '만卍' 자를 거꾸로 뒤집어 놓은 모양새다. 형태적 유사성은 고대의 인류문화에서 기원을 찾을 수 있다.

만卍 자는 산스크리트로 '스와스띠까'라고 부른다. 비단 불교만이 아니라 힌두교를 포함한 인도 권역에서 길조吉兆의 아이콘으로 널리 쓰였다. 최초의 진원지는 세계 4대 문명 가운데 하나로 인도 서북부에 걸친 인더스 문명이었다. 불교의 유산으로 흡수된 유래는 이른바 '32상相 80종호種好' 때문으로 추정된다. 부처님의 비범한 신체적 특징을 가리키는데, 백호白毫는 32상 가운데 하나다. 당신의 미간眉間에 난 흰 털인데, 나선형으로 돌고 있는 점이 눈에 띈다. 돌아가는 방향이 '卍' 자 모양인 것이다. 여기서 과거 현재 미래를 한눈에 꿰뚫어 볼 수 있는 능력이 뿜어져 나온다고 전한다. 경주 석굴암 부처님의 이마에 박힌 보석이 은유하는 '무량한 자비광명'과도 맥락이 닿는다.

물론 히틀러가 불자였던 것은 아니다. 하켄크로이츠는 아무리 봐도 성스럽다기보다는 차갑고 예리하다. 히틀러는 자서전 『나의 투쟁』에서 자비와 평화가 아닌, 공격과 약탈의 상징임을 분명히 했다. 아울러 대중 연설을 하고 주변국을 침략하고 무고한 양민을 가스실로 보낼 때마다, 그가 걸핏하면 들먹이던 게 '아리안족族의 영광'이다. 아리안족은 과거 인도에서 거주하던 게르만족의 조상이다. 한편 본래 인더스 문명을 일으키고 지배하던 민족은 드라비다족이었다. 아리안족에 의해 멸망했는데, 그들은 흑인이었다.

현대인에게도 우주는 신비하거니와 옛 사람들에게는 얼마나 충격과 감동이었을까 싶다. 또한 실존적 질곡에서 벗어나고픈 욕망은 기독교인에게나 불교인에게나 다를 바가 없다. 사실 알고 보면 '하켄크로이츠'든 '卍'이든 은하계를 형상화한 것이다. 뒤집으면 동일한 형상이다. 둘 다 소원 성취를 위한 영물靈物로 받아들여졌다. 그 목표가 가정의 행복이었든 또는 세계 정복이었든.

여하튼 괜한 오해를 피하자는 취지에서 이즈막엔 삼보륜= 寶輪을(◉) 불교의 표식으로 정착시키자는 목소리가 적지 않다. 2005년 특허청 등록이 완료된 대한불교조계종의 문장紋章이다. 괴색 바탕에 불법승佛法僧 삼보=寶와 계정혜戒定慧 삼학=學을 동시에 가리키는 세 개의 점 그리고 일원상一圓相인 두터운 원을 결합해 만들었다. 사부대중의 화합, 신앙과 포교를 통해 불국정토를 실현하겠다는 원력을 담았다. '卍'이 은유하는 전법의 수레바퀴인 법륜과도 일맥상통한다.

33

법당에 밥을
하루에 한 번만 올리는 까닭은?

사찰의 일상은 으레 새벽 3시(기상)부터 저녁 9시(취침)까지
다. 그리고 하루의 처음과 끝은 예불禮佛로 시작하고 매듭짓는
다. 예불이란 말 그대로 부처님에게 인사를 드리는 의식이다.
스님들은 잠자리에서 일어나자마자 한 번, 오전 9시에서 11시
사이인 사시巳時에 한 번, 일과를 마치면서 한 번(저녁 6시 무렵),
이렇게 하루에 세 번씩 법당의 부처님 앞에서 예불을 올린다.
출가할 때 부처님과 약속한 수행과 전법의 의지를 다잡는 시간
이다.

사시 예불에는 불단佛壇에 특별한 물건이 올라간다. 바로 부처님에게 공양하는 밥인 '마지摩旨'다. 사시 예불 시각은 통상적으로 오전 10시다. 이즈음의 절에서는 스님이나 신도가 커다란 밥그릇을 받쳐 든 채 법당으로 걸어 들어가는 모습을 볼 수 있다. 마지를 공양하기 위한 발걸음이다. 이때 밥그릇은 반드시 오른손으로 들고 어깨 위로 올려야 한다. 만중생의 지고한 스승인 부처님을 향한 경배의 마음을 상징한다. 더불어 신성한 스승을 위한 밥을 대접하는 일이니, 필히 의례가 따른다. 마지를 올리고 나면 보통 『천수경』을 독송한다.

밥을 나르는 방법뿐만 아니라 밥의 양에도 절절한 예경심이 넘친다. 마짓밥은 그야말로 고봉밥이다. 큼지막한 놋그릇에 쌀밥을 수북하게 담아 진상한다. 금방이리도 넘칠 것 같은 밥을 매끈하게 다져 둥그렇게 매조지한 형태는 푸짐하면서도 기술적이다. '밥벌이' '밥벌레' '밥도둑' '밥은 먹고 다니냐?' 등등 한국인 특유의 밥에 대한 애착과 '밥이 보약'이란 오랜 믿음이 묻어나는 대목이다. 반면 맨밥만 가득히 올리는 우리와는 달리 일본 불교에서는 아이 주먹만 한 밥 한 공기와 너덧 가지의 찬을 내는 것이 풍습이다. 중국에서는 이른바 대륙적 기질과는 자못 상반되게 간장 종지만 한 그릇에 밥이나 생쌀을 담는다.

아울러 '마지'란 단어가 독특하다. 얼핏 산스크리트의 음차摩旨로 보이지만 그렇지 않다. 출처가 없다. 상상력을 발휘하면 '맞이하다'라는 순우리말에서 기원을 찾을 수 있다. 말하자면 부처님을 맞이하기 위한 밥이니까. 또 옥편을 샅샅이 뒤지면 '마摩'와 '지旨' 자에는 각각 '가까이하다'와 '맛'이라는 의미도 있음을 알 수 있다. 결국 외래어가 아니라, 우리나라에서 자생적으로 생긴 낱말에 그 뜻에 부합하는 한자를 끼워 맞춘 '역번역逆飜譯'으로 짐작된다. 조계종 포교원 포교연구실장 원철 스님의 견해다.

마지는 하루에 한 번 사시에만 올린다. 이유는 간명하다. 생전의 부처님이 하루에 한 번, 이 시간대에만 드셨기 때문이다. 일일일식一日一食과 오후불식午後不食은 부처님을 비롯해 당신의 제자들이 철석같이 지켰던 계율이다. 무소유와 절제를 실천하기 위함이었다. 최초의 승단僧團은 아침에 저잣거리로 나가 탁발을 해서 모아 온 음식을 먹고, 이후에는 철저히 금식했다. 무더워서 밥이 상하기 십상인 남방의 불교에서는 지금껏 준수되는 원칙이다. 이와 달리 사계절이 뚜렷해 저장식이 가능한 북방 불교권에서는 삼시 세끼의 문화가 자연스럽게 도입됐다.

한편 한 끼만으로 하루를 버텨내야 하니, 최대한 정오에 가까운 시각에 수저를 드는 것이 일종식—種食의 관례다. 그런데 사람마다 체질이 다른 법. 부처님 당시에도 타고나기를 먹성이 좋은 스님들이 있었을 것이다. 게다가 피치 못할 사정으로 끼니 때를 놓치면 종일토록 쫄쫄 굶어야 했다. 배고픔을 견디지 못한 몇몇이 반기를 들었다. 정오가 지나더라도 취식을 허용해달라는 것이었다. 물론 무조건 봐달라고 하지는 않았다. 대략 오후 1시 안쪽 그러니까 손가락을 땅에 꽂았을 때 그림자의 길이가 손가락 두 마디 이내라면 밥을 먹을 수 있게 해달라는, 참으로 소박한 일견 소심한 요구였다.

이른바 이지정=指淨으로, 열 가지 경우에 대한 계율 논쟁인 십사비법+事非法 가운데 하나다. 그러나 깐깐한 원로들은 이를 불허했고 결국 보수적인 상좌부와 진보적인 대중부로 교단이 분열되는 계기가 됐다. 상좌부는 동남아시아 불교의 낮춤말인 소승불교를 대표하며, 대중부는 훗날 동아시아에서 발달한 대승불교의 기원이다. '밥투정'이 역사를 만든 셈이다.

34

49재는 정말
49일간 지내나?

49재는 종교를 막론하고 우리 사회의 대표적인 장례문화로
자리했다. 재벌과 유명 연예인의 죽음은 언제나 화젯거리인데,
이슈의 마지막은 으레 그들의 49재 기사로 채워진다. 살아남은
자들은 49재를 통해 죽은 자에 대한 그리움 또는 원한을 털어낸
다. 49재를 지내기 전까지는 망자에 대한 왈가왈부를 삼가는 게
또한 예의다. 이는 비록 그의 육신이 죽었다 해도 49일 동안 영
혼은 존속한다는 믿음에서 비롯된다.

49재란 말 그대로 고인故人이 된 지 49일이 되는 날에 치르는

재齋다. 이때까지는 정신이 살아있다고 보기 때문이다. 사람이 죽게 되면 49일간 중유中有 혹은 중음中陰이라 불리는 상태로 지낸다고 한다. 다음 세상에서 또 다른 생을 받기 위해 기다리는 일종의 '대기' 기간이다. 사찰에서는 이렇게 반쯤 살아있는 영가靈駕를 위해 7일(일주일)에 한 번씩 7회에 걸쳐 제사를 지낸다. 초재, 2재, 3재 순으로 번호를 붙이는데, 모두 생략하고 마지막 7재(49재)만 지내기도 한다. 푸짐하게 차린 음식과 정성어린 예배로 자식은 못 다한 효도를 뒤늦게 다하며 부모는 살아서 못 먹였다는 아쉬움을 자위한다. 스님들은 천도遷度의 노래를 불러주며 살아서의 미련과 회한을 훌훌 날려버리라고 다독인다.

무엇보다 49재 시기에, 생전에 쌓은 업의 크기와 됨됨이에 따라 내생의 계급이 결정된다는 통념은 절묘하다. 이른바 육도六道. '금수저'인 천상天上에서부터 인간·축생(동물)·아수라(주야장천 서로 물어뜯는 괴물)·아귀(먹어도 먹어도 배고프다고 울부짖는 괴물)의 세계를 거쳐 '흙수저'인 지옥까지, 여섯 가지의 생활환경을 가리킨다. 특히 49일째는 염라대왕이 최종적으로 판결을 내리는 날이다. 그래서 마지막 7재(49재)는 가장 성대하고 뻑적지근하게 치러야 한다.

내생에 인연을 맺게 될 어머니의 뱃속에 금수저가 들어 있기를 바라는 것은 중생의 자연스러운 욕망이다. 금수저를 물고 태어났다면 '한 번 더' 물기를, 흙수저 부모를 만났다면 '기어이' 물기를 원한다. 쾌락의 극치를 경험할 수 있는 천상에서의 환생이 어렵다면, 최소한 인간 세계에라도 발붙여야 본전치기는 할 수 있다. 죽을 때까지 사람을 위해 일하다가 종국에는 사람의 먹이가 될 짐승이나, 평생을 싸우고 굶주려야 하는 아수라와 아귀의 삶은 생각만으로도 어지럽다. 인간이 상상할 수 있는 최악의 조건인 지옥은 더 말할 나위도 없다. 결국 49재는 고인의 생사여탈권을 쥔 염라대왕에게 '잘 좀 봐주십사' 손바닥을 비비는 로비의 성격을 지닌다.

한편 유식학唯識學적 관점에서 보면, 49일은 우리의 정신 체계가 순차적으로 소멸하는 시간이다. 맨 처음 사라지는 감각은 시각(안식眼識)이다. 이후 청각(이식耳識), 후각(비식鼻識), 미각(설식舌識), 촉각(신식身識)이 차례로 명을 다한다. 이렇게 전오식前五識이 사라지고 나면 두뇌 활동을 뜻하는 의식意識이 완전히 멈춘다. 최종적으로는 말나식末那識(자아의식)이 꺼짐으로써 비로소 영면에 든다. 하나의 감각이 없어지는 과정은 7일 주기이며 꼬박 49일이 걸린다는 계산이다. 참고로 제8식인 아뢰야식阿賴耶識

(심층 무의식)은 죽어서도 끊어지지 않는다. 윤회 아울러 전생의 죄가 현생의 벌로 돌아오는 이론적 근거다.

49재의 절차는 다음과 같다. 영가를 초청해 영단에 모시는 시련侍輦, 영가에게 앞으로 진행할 일을 부처님의 법에 따라 올바르고 경건하게 치르겠다고 약속하는 대령對靈, 영가를 목욕시키며 업장을 씻겨주는 관욕灌浴, 영가와 불보살에게 공양을 올리는 헌공獻供, 천지신명에게 공양을 올리고 선처를 바라는 신중헌공神衆獻供, 영가를 극락으로 환송하는 봉송奉送 등이 이어진다. 그리고 탈상脫喪. 죽음의 서러움과 살아남음의 미안함을 뒤로 하고, 각자의 갈 길을 향해 돌아서는 일이다.

35

부처님은 언제부터
'부처님'으로 불렸나?

알다시피 부처님은 불교의 시작이고 중심이다. 불교 신자라면 누구나 부처님에 의지하는 동시에 부처님이 제시한 길을 따르고자 한다. 인생이 힘들고 혼란스러울 때 가장 절박하고 눈물겹게 다가오는 말이 부처님이다. 해마다 부처님오신날이면 연등 불빛 아래서 모두가 착하고 아름다워진다. 불자들에게 부처님은 이렇듯 친숙하고 간곡한 단어인데, 부처님을 왜 '부처님'이라 부르게 됐는지 문득 궁금해졌다.

부처란 낱말의 시원은 일단 산스크리트 '붓다Buddha'에서 유래한다. '깨달은 사람'이라는 뜻이다. 아울러 불교는 붓다의 사상이므로 '부디즘Buddhism'이다. '부처'는 '붓다'가 변했으리라고 어렵지 않게 유추할 수 있다. 구체적인 변이 과정에 관한 추론은 일제강점기 우리나라에서 활동했던 일본의 불교학자 에다 도시오江田俊雄의 논문에서 확인된다. 매우 그럴듯하다.

향가鄕歌는 우리 고유의 문학 장르다. 삼국시대 말엽에 나타나 통일신라시대에 극성한 뒤 고려 초기에 사라진 시詩 형식의 글이다. 특히 한글이 없던 시대, 한자음으로 우리말을 표기한 흔적이 나타난다는 점에서 연구 가치가 높다. 주격 조사인 '은/는'은 한자 '隱은'으로, 목적격 조사인 '을/를'은 '乙을'로, '~하고'는 '古고'로, '~하네'는 '乃내'로 적는 식이다.

『보현십원가普賢十願歌』는 고려 제4대 임금이었던 광종 연간(재위 949~975)에 균여均如 스님이 찬술한 향가다. "마음의 붓으로 그려낸 부처 앞에 절하는 이 내 몸아"라는 구절이 등장하는데, 여기서 부처는 '佛體불체'로 기록됐다. '부처님의 몸' 혹은 '부처님이란 인격체'쯤 되겠다. 한자적 어의로도 의미가 통하는데, 사실 당시 통용되던 '부텨' 또는 '부톄'라는 발음을 특유의 향가 표기법으로 음차音差했다는 것이 에다의 주장이다.

우리나라에 앞서 불교를 받아들인 중국에서는 붓다를 '불타

佛陀'라고 번역했는데, 불타의 중국식 발음이 '부텨'이기도 하다. 조선시대에도 부처님은 '부텨님'이었다. 세종대왕의 훈민정음 창제 이후 세조가 주도해 편찬한 불전佛典 언해諺解 류나, 1527년 최세진이 펴낸 아동용 한자 학습서 『훈몽자회』에서도 '부텨'라는 표기를 찾아볼 수 있다. 곧 부처의 고어古語는 '부텨'였다.

한편 '佛불'이라는 글자는 상당히 심오하다. '사람 인人' 변에 '아니 불弗'이 들붙은 구조로, 결국 '사람이 아니다'라는 뜻이다. 물론 비非인간이 아니라 인간으로서의 욕망과 한계를 뛰어넘었다는 초超인간으로 읽어야 옳다. 이와 함께 '부처님'이란 말 외에도 부처님을 가리키고 기리는 별명은 허다하다. 가장 보편적인 것이 세존世尊. 세상에서 가장 존귀한 분이라는 의미다. 진리의 세계에서 왔다는 여래如來도 자주 쓰인다. 이밖에도 충분히 공양을 받을 자격이 있다는 응공應供, 모든 것을 아는 지혜를 갖추고 있다는 정변지正遍知, 계정혜戒定慧를 두루 완비하고 있다는 명행족明行足, 깨달음의 피안彼岸에 이르렀으므로 다시는 삶과 죽음의 윤회에 빠지지 않는다는 선서善逝, 세상만사의 이치를 훤히 꿰뚫고 있다는 세간해世間解, 부처님보다 뛰어난 인간은 없다는 무상사無上士, 위대한 지혜와 자비로 중생의 인생을 교정할 수 있다는 조어장부調御丈夫, 하늘나라와 인간 세상에서 거룩한 가르침을 베푸는 스승이라는 천인사天人師 등이 있다. 하긴, 그 어떤 수식으로도 모자란 인격이다.

36

'무아'를 이야기하는데, 어떻게 윤회가 가능한가?

"불교는 난해하다"는 말을 곧잘 듣는다. 그래서 포교하기가 힘들고 신앙으로 삼기가 저어된단다. 반면 불교가 세계의 실상과 이치를 가장 합리적이고 과학적으로 설명하는 종교라는 건, 20세기 이후 서구 학자들에 의해 검증되고 있는 사실이다. 어쩌면 불교의 깊이에 대한 푸념은, 삶의 깊이에 대해 진지하게 고민하고 싶지 않은 자들의 핑곗거리일 수 있다.

불교 공부를 하다 보면 '무아인데 어떻게 윤회가 가능할까?'라는 의문을 갖게 마련이다. 무아無我는 '모든 존재는 인연(조건)

에 따라 생겼다가 사라질 뿐 고정된 실체가 없다'는 뜻으로 부처님의 근본 교설 가운데 하나다. 한편 윤회輪廻는 '중생이 죽으면 살아서 지은 업에 따라 또 다른 세상에 태어난다'는 사상이다. 인도인의 전통적 사유 방식인데 권선징악의 차원에서 불교도 수용하고 있다. 그러나 '(무아이므로) 내가 없다'면서도 '(윤회하는) 내가 있다'는 건 명백한 모순으로 들린다. 자유와 평등만큼이나 동시에 충족되기 어려운 가치이며, '달걀이 먼저냐 닭이 먼저냐'는 질문처럼 난감하다.

간단한 해결법이 있기는 하다. '방편설方便說', 그러니까 사람을 도덕적으로 교화하기 위한 '수단'에 불과한 윤회를 부정하면 깔끔하게 처리될 일이다. 하지만 그럴 경우 또 다른 낭패에 부딪히고 만다. 불자들의 윤리적 행동을 유지하고 권장할 근거가 사라지는 것이다. 말 그대로 '죽으면 끝'이니, 선행을 베풀 필요도 열심히 수행을 할 필요도 조상을 위해 제사를 지낼 필요도 없어지게 된다. 더구나 현실적으로도 기복 신앙이 만연한 상황에서, 윤회설은 대다수 불자들의 정서에서 거의 절대적인 비중을 차지한다.

사실 '무아'와 '윤회'의 문제는 불교의 오랜 논란거리였다.

『밀린다왕문경』은 기원전 150년경 서북 인도를 정복한 그리스의 왕 메난드로스와 당대 최고의 학승 나가세나의 문답을 모은 책이다. 불교의 교리적 난해성을 명쾌하게 해명한 경전으로 이름이 높다. 이 경전에서 서양의 지성을 상징하는 메난드로스는 나가세나 스님에게 무아와 윤회의 양립 불가능성에 대해 따졌다. 이에 스님은 촛불의 비유를 들어 그의 논리를 깼다. 예컨대 촛불은 금방이라도 꺼뜨릴 수 있지만, 한 촛불이 다른 촛불로 옮겨 붙을 수도 있다. 촛불이라는 '존재'는 실체가 없으나, 촛불이란 '현상'은 영속적으로 이어지는 것이다. 결국 개체적 일시적 관점에서 보면 무아이지만, 전체적 통시적 관점에서 보면 윤회인 셈이다. 꽃이 진 자리에 다시 꽃이 피는 법이다. 어제 불었던 바람이 오늘은 안 불더라도 내일은 불 것이다.

물론 불교의 윤회설은 포교를 위한 방법일 뿐 본질은 아니다. 부처님 역시 아트만atman이라는 '자아'의 윤회는 철저하게 부정했다. 모든 존재에는 독립적인 자성自性이 없으며 오직 상호 간의 관계에 의해서만 의미와 가치가 드러난다는 연기법에 위배되기 때문이다. 『금강경』에서 전하는 '무주상보시無住相布施' 또한 대가를 바라지 않는 베풂을 강조함으로써, 베풂의 공덕을 받

을 내가 있다는 망상에서 벗어나라고 재우친다. 자아라는 관념이 탐욕과 갈등의 씨앗인 탓이다.

윤회는 비단 불교만이 아니라 세속화된 종교의 단골 메뉴다. 사람을 유혹하거나 협박하기에 안성맞춤이다. '당신이 현생에서 복을 지으면 내생에 복을 받을 수 있다' 또는 '복을 짓지 않으면 벌을 받는다'는 으름장은 십일조를 걷어내는 데 수월하다. '예수천국 불신지옥' 식의 저열한 신행信行이 비단 남의 일만은 아닌 것이다. 다만 윤회에 대한 인식이 자기계발과 수양의 방법론으로 쓰일 때만은 빛을 발할 수 있다는 게 여러 불교학자의 생각이다.

정승석 동국대 불교대학 교수는 『윤회의 무아와 자아』라는 저서에서 "인간은 '자기'를 이떤 존재로 생각하고 있다"며 "어떠한 존재로서의 자기를 지향해야 바람직한 삶을 영위할 수 있을지 가르치는 것이 윤회설의 취지"라고 밝혔다. "도덕적 의무는 이 시대에서만 끝나지 않으며 자기의 행위에 대한 책임을 언젠가는 져야 한다는 교훈을 일깨우기 위한 장치로서 유효하다"는 신규탁 연세대 철학과 교수의 입장도 이와 비슷한 맥락이다.

무아와 윤회 사이의 논쟁은 아무튼 사변적인 이야기다. 딱히 결론이 없고, 있다 해도 어렵다. 『무아·윤회 문제의 연구』를 집필한 전 동국대 교수 호진 스님은 서문에 "완벽한 이론은 없다. 역설적이지만 완벽하지 않기 때문에 발전할 수 있다"라는 명언을 남겼다. 개인적으로도 부처님의 가르침을 좋아하지만 무아의 논리 앞에서는 가끔 신경질적으로 변한다. 이렇게 상처받는 내가 있는데…, 어떻게 내가 없을 수 있나 싶다. 한편으로는 내가 가진 촛불을 지키겠다는 마음을 비우면, 더 많은 사람에게 밝음과 따뜻함을 안겨줄 수 있다. 무아와 윤회를 화해시키는 매개는 자비가 아닐는지.

37

극락이
'미아리'에 있다고?

불교계는 도로명주소가 마뜩치 않다. 도로명주소란 기존의 읍면邑面과 동리洞里 대신, 말 그대로 도로를 중심으로 주소를 개편하는 정책이다. 2014년부터 본격 시행됐다. 가령 서울 마포구 '공덕2동'이 '마포대로 7길'로 바뀌는 식이다. 문제는 옛 이름에 서린 역사와 전통이 사라지게 되면서 불거졌다. 가장 큰 피해자는 불교였다. 수백 개에 달하는 불교 관련 지명이 몰살될 위기에 처한 탓이다. 예고 기간이었던 2011년부터 조계종 제도권과 재야가 합심해 우려와 폐지의 입장을 지속적으로 표명해

왔다. 일각에서는 '정부 차원에서 자행되는 또 하나의 교묘한 훼불'이라며 강하게 반발하는 형국이다.

박호석 전 농협대 교수가 지은 『불교에서 유래한 상용어 지명사전』에는 그가 4년간 방방곡곡을 누비며 조사한 행정구역명의 불교적 배경이 녹아 있다. 예컨대 전통문화의 거리로 유명한 서울 인사동의 연원은 그곳에 절이 있었기 때문이다. 원래 흥복사興福寺라는 대찰이 있었고, 조선 세조가 『원각경』을 봉안하면서 사찰 이름도 '원각사圓覺寺'로 변경했다. 이후 한성의 행정구역이던 '관인방寬仁坊'과 원각사에서 유래한 '대사동大寺洞'이란 이름을 합해 '인사동仁寺洞'이 되었다는 설명이다.

인사동은 그야말로 빙산의 일각에 지나지 않는다. 점집이 즐비한 '미아리'에는 과거에 미아사란 절이 있었다. 미륵불의 '미彌'와 아미타불의 '아阿'를 따서 지었다. 또한 미아사 부근의 마을은 불당佛堂골이라 불렀다. 미륵불과 아미타불이 함께 머무는 땅이니, 극락이 따로 없는 셈이다. '청량리'도 신라 말에 창건된 청량사淸凉寺가 어원이며, 성동구 도선동에는 풍수지리학의 시조인 도선道詵 대사의 향기가 서려 있다. 불광동佛光洞은 부처님의 자비광명이 비추는 고장이며, 은평구 신사동新寺洞은 '새로운 절'이라는 의미다. 종로구 연지동蓮池洞, 동작구 사당동舍堂洞, 강동구 암사동岩寺洞 역시 불교적이다.

　서울의 바깥에도 부지기수다. 동국대 불교병원이 위치한 경기 고양시 식사동食寺洞은 이성계에 의해 몰락한 고려의 마지막 임금 공양왕 일가에게 몰래 밥을 지어다 바친 절에서 연유한다. 성남시 야탑동野塔洞도 곳곳에 탑이 하도 많아서 비롯된 명칭이다. 연꽃의 다른 이름인 부용芙蓉에서 따온 충북 청원군 부용면, 부산 서구 부용동, 경기 양평 영서면 부용리 등도 눈에 띈다. 한 걸음 나아가서는 극락을 가리키는 안양시의 안양安養과 크게 중생을 제도한다는 거제도의 거제巨濟 또한 부처님의 덕화德化가 서린 곳이다.

　이와 함께 인천광역시 강화군 도장리道場里, 옹진군 연화리蓮花里, 대전광역시 대덕구 법동法洞, 내탑동內塔洞, 대사동大寺洞, 광주광역시 서구 염주동念珠洞, 경기도 가평군 미사리彌沙里, 고양시 덕양구 대자동大慈洞, 이천시 노탑리老塔里, 충남 논산시 이사리梨寺里, 충북 수안보면 사문리寺門里, 전북 군산시 회현면 고사리古寺里, 전남 영광군 법성면法聖面, 경남 산청군 남사리南寺里, 하동군 탑리塔里 등을 꼽을 수 있다. 그야말로 '지명 반半 불교 반'이다.

어쩌면 이 나라의 모든 길은 '수행 길'이다. 시골길을 다니다 보면 무량無量, 무진無盡, 문수文殊, 미륵彌勒, 백련白蓮, 법곡法谷, 법성法性, 불당佛堂, 불암佛庵, 사곡寺谷, 사촌寺村 등등 사찰을 포함해 불교의 교리와 성인聖人과 상징에서 이름을 차용한 고을이 심심찮게 발견된다. 전국의 불교 관련 지명은 550여 개로 알려져 있다. 도로명주소로 인해 명칭이 통째로 바뀌어 '추억'을 완전히 잃어버릴 마을은 130여 개에 이른다는 전언이다. 오래된 동네들의 정다운 이름들. 불교에서 파생된 어휘와 마찬가지로 한국 불교 1,700년이 단순한 숫자가 아님을 말해준다. 어떻게든 기억돼야 할 일이다.

38

어떤 절은 왜 'OO사'라 하고,
어떤 절은 왜 'OO암'이라고 하나?

전국에는 시군 단위로 불교사암연합회가 있다. 지역 사찰 간의 친목을 도모하고 포교 역량을 결집하자는 취지로 만들어진 단체다. 혹자들에게는 얼핏 '사암'이란 단어가 생경할 터인데, 사찰과 암자를 아우르는 말이다. 불교를 잘 모르는 사람들은 어떤 절은 왜 '사寺'라고 하고, 어떤 절은 왜 '암庵'이라고 하는지 궁금해할 만하다. 결론부터 말하자면 상대적으로 큰 절은 '사', 작은 절은 '암'이란 이름을 붙인다.

'사寺'의 본래 발음은 '시'였다. 실크로드는 동서를 잇는 최초의 교역로였다. 실크로드를 오가는 수레에는 물건과 함께 경전도 실렸다. 원래 '사'는 외국의 사신을 맞이하던 임시 숙소였다. 후한後漢시대에 불교가 중국에 전래되면서 서역의 스님들이 빈번하게 중원을 찾았다. 역경승譯經僧이 사에 체류하는 주요 손님이었던 것이다. 최초의 중국 사찰이 세워지자 그 이름을 '백마사白馬寺'라 정했다. 스님들이 주요 고객이 되다 보니, 이후로 '사'는 관청을 뜻하기보다는 절을 가리키는 글자로 바뀌게 됐다. 발음이 변한 연원은 스님을 존대하는 '스승 사師'에서 실마리를 얻을 수 있다. 지금도 관청을 뜻하는 경우에는 '시'라고 발음한다.

명산에 큰 절이 세워지고 사세寺勢를 넓혀 가다 보면, 자연스럽게 큰 절 주변으로 작은 절이 생기게 마련이다. 본찰本刹인 '사'와 구별하기 위해 작은 절은 '암'이라 명명했다. 해인사, 통도사, 송광사와 같이 규모가 큰 대찰에는 으레 10개 이상의 산내 암자가 존재한다. 곧 암자는 큰 절에 딸린 작은 절을 가리킨다. '암'의 본래 의미는 '마을과 일정하게 떨어진 곳에 나무와 풀을 엮어 만든 임시 움막'이다. 어쩌면 한자 '庵' 자보다는 '菴' 자가 본래 의미에 더욱 어울린다. '암자'에서 '자子'는 주전자, 액자 따위의 낱말에 나타나는 것과 같은 접미사다.

절을 가리키는 또 하나의 명칭이 정사精舍다. 최초의 불교 사원은 죽림정사이며, 부처님이 『금강경』을 설법한 장소는 기원정사다. 정사는 '절 사寺' 자가 아니라 '집 사舍' 자를 쓴다는 점을 주목해야 한다. 말 그대로 '수행자가 정진하는 집'으로 해석된다. 산스크리트 '비하라vihara'를 번역한 말이다. 오늘날에는 면적이 작고 스님이 혼자서 운영하는 사찰을 보통 정사라고 부르는 편이다. 특히 건물의 한 층을 임대한 소규모의 포교당에서 '정사'라는 이름을 자주 목격할 수 있다.

선원禪院, 강원講院, 율원律院 등 원院 자로 끝나는 명칭은 큰 절 안에 있는 별채로, 특정한 목적을 수행하기 위해 만들어진 기관을 가리킨다. 선원은 선을 수행하는 곳이고, 강원은 사미사미니와 같은 예비승들을 가르치는 곳이며, 율원은 계율을 공부하는 곳이다. 한편 재단법인 선학원禪學院은 결혼한 대처승이 넘쳐나던 일제강점기, 한국불교의 전통을 수호하기 위해 비구승들이 설립한 단체다. '원'이라고 명명한 까닭은 사찰령의 지배를 받지 않기 위함이었다. 1911년 조선총독부가 제정한 사찰령의 핵심은 다음과 같다. '사찰을 병합, 이전하거나 폐지하고자 할 때는 총독의 허가를 받아야 한다(제1조).' '본산 주지는 총독, 말사 주지는 도장관道長官의 허가를 얻어야 한다(제2조).' 결국 모든 사찰은 일제의 지배를 받아야 했기에 '원'이라는 묘수로 이를 피한 것이다.

　'가람'은 강의 옛말이자 순우리말이고, '가람伽藍'은 사찰과 같은 뜻이다. '스님들이 한데 모여 수행하는 장소'라는 '승가람마僧伽藍摩'의 줄임말이다. '아란야阿蘭若'는 조용한 사찰을 지칭한다. 산스크리트를 음사한 말로 공한처空閑處, 원리처遠離處라고 번역한다. 한적한 숲속의 쉼터 또는 마을에서 떨어져 수행자들이 머물기에 적합한 곳쯤 되겠다.

　총림叢林은 인적으로나 물적으로나 가장 큰 사찰이다. 그야말로 나무가 빽빽한 숲처럼 사람이 많다는 것이다. 선원, 강원, 율원에다 염불원을 모두 갖춘 종합수행도량이다. 한편 본사本寺와 말사末寺는 행정 단위에 따른 구분이다. 일제 치하의 본산本山이 본사로 바뀌었다. 대한불교조계종은 전국 25개의 교구教區 본사로 구성되며 말사는 본사가 관할한다. 각각 국가의 지방자치 광역단체와 기초단체에 값한다.

39

스님들이 오른쪽 어깨를
드러내는 이유는?

"이때 수보리 장로가 자리에서 일어나 오른쪽 어깨를 드러
내고 오른쪽 무릎을 꿇은 채 합장하며 부처님께 아뢰었다." 『금
강경』 제2장 선현기청분善現起請分의 초입이다. 수보리의 이러한
행위가 있고 나서 부처님은 불교 교리의 정수인 공空에 관한 설
명을 시작한다. 여기서 '오른쪽 어깨를 드러내는 것' '오른쪽 무
릎을 꿇는 것' 그리고 합장이 품은 의미는 동일하다. 상대방에
게 공경을 표하기 위한 방법이다.

한자 원문으로 오른쪽 어깨를 드러내는 것은 편단우견偏袒右

肩, 오른쪽 무릎을 꿇는 것은 우슬착지右膝着地다. 아울러 부처님을 상징하는 탑에 경의를 나타낼 때에도 으레 세 번 탑돌이를 하는데 반드시 오른쪽으로 돌아야 한다. 이름하여 우요삼잡右繞三匝. 이처럼 불교에서는 항시 오른쪽이 더 먼저이며 더 우월하고 신성한 것이다. 단적으로 부처님의 생애부터 오른쪽 일색이다.

마야부인은 부처님을 오른쪽 옆구리로 낳았다. 산통을 느낄 때 무우수無憂樹 나뭇가지를 잡은 손도 오른손이었다. 이 땅에 온 부처님이 처음으로 내뱉은 말은 '천상천하유아독존'이다. 왼손은 땅을, 오른손은 하늘을 가리키며 그렇게 외쳤다. 예로부터 우리는 하늘을 땅보다 상전으로 여겼다. 깨달음을 얻은 부처님은 오른손으로 땅을 짚고 '항마촉지인降魔觸地印'을 그리며 모든 욕망으로부터 항복을 받아냈음을 천명했다. 제자나 신도들의 인사에는 언제나 오른손으로 답례했고 오른쪽으로 누워서 잠을 잤다. 열반할 때도 오른쪽으로 몸을 돌렸다.

오른쪽에 대한 이와 같은 중시는 부처님이 태어난 인도의 습속에서 연유한다. 오른쪽은 만물의 중심인 태양이 도는 방향이고, 오른손은 밥을 먹을 때 쓰는 손이다. 상서롭고 또한 요긴하다. 오른쪽에 대한 차별 대우는 나아가 인도뿐만 아니라 유럽에 오른쪽, 오른쪽!!!

서도 통용되는 풍습이다. 오른쪽을 뜻하는 영어 '라이트_right'는 '정의' 또는 '권리'라는 아름다운 가치로도 번역된다. 우리나라에서도 오른쪽은 '옳은 쪽'이다. 심지어 오른손을 바른손이라고 부르던 시절이 있었다. 왼손잡이를 흉보면서 그랬다.

반면 중국에서는 왼쪽을 우선한다. 좌우左右라는 말에서도 확인할 수 있다. 한자에서는 대등한 개념이 나올 경우 선행한 글자가 응당 손위다. 일월日月, 용호龍虎, 남녀男女, 천지天地 등의 어휘가 이에 값한다. 더불어 그래서 좌의정이 우의정보다 높다. 체體와 용用의 관점에 입각해 정적靜的이고 추상적인 것을 한결 귀하게 치는 사고방식에서 유래한다.

여하튼 오른쪽에 대한 편애문화는 그만큼 오른쪽을 소중하게 여긴다는 것이다. 비슷한 맥락에서 자기의 오른쪽을 홀대한다는 건, 소중하게 여기는 것을 기꺼이 내주겠다는 속뜻을 갖는다. 편단우견과 우슬착지는 하심下心과 겸양의 다른 이름이다. 몸의 오른쪽을 내보이고 낮추는 일은 자존심을 버리고 진심을 다해 당신을 응대하겠다는 표현인 셈이다. 해인총림 해인사 율원장 서봉 스님은 "부처님 역시 설법을 할 때면 오른쪽 어깨를 드러내며 최선을 다해 가르쳤다"며 "인도의 고유한 관습에 종교적 엄숙성에 대한 인식이 투영되면서 편단우견이 수행자들의 일반적인 복식으로 정착했을 것"이라고 말했다.

한편 편단우견은 '노출'이기도 하다. 중국 남북조시대에 발간된 『홍명집弘明集』에 수록된 '사문단복론沙門祖服論'에는 편단우견에 대한 중국 스님들의 거부감이 나타난다. 아무리 불교 전통이라지만 너무 야하다는 지청구다. 더불어 무더운 인도와 달리 겨울이 뚜렷한 기후에서는 동상에 걸리기 십상이란 푸념이 일었다. 결국 가사 안에 장삼을 입는 절충안을 만들어냈다.

오른손잡이가 절대다수인 사회에서 오른손은 누구나 빈번하게 쓰는 손이다. 오른손이 편해야 인생이 편하다. 사실 편단우견은 실용주의적 결정이기도 했다. 1019년 중국 북송시대에 도성道誠이 지은 『석씨요람釋氏要覽』의 주장이다. "율律에 이르기를 일체 공양은 모두 편단이다. 이는 집작執作이 편리하기 때문이다." 소매를 걷으면 물건을 집기도 쉽고 일하기도 수월하다.

40

군인 신분의
비구니 스님이 있다고?

우리나라의 군종軍宗 제도는 해방 후 군 창설과 함께 출발했
다. 미군의 기독교적 군종 제도를 그대로 받아들였다. 한국전쟁
중이었던 1951년 육군본부 인사국 안에 군승과軍僧科가 설치된
것이 시초다. 여기서의 승僧은 스님이 아니라 성직자를 총칭하
는 단어였다. 군승과란 명칭은 1952년 6월 개신교와 천주교의
요청으로 군목과軍牧科로 바뀌었다. 군목들이 급여를 받는 정식
장교로 인정받게 된 것도 이 시점이다.

군승과의 명칭 변경에서 보듯, 군종 제도 초창기 불교는 설

자리가 없었다. 곧 군승軍僧 파견은 포교 분야에서 종단의 가장 시급한 화두가 됐다. 한국전쟁 당시 자발적으로 참여한 군포교사들의 활약은 군승 제도 도입의 당위성 확립에 기여했다. 정부에 대한 탄원과 협상이 거듭됐다. 아울러 당시만 해도 압도적으로 많던 불자들의 끊임없는 요구가 있었다. 특히 불교세가 상당했던 베트남 내전 파병이 결정적 기폭제가 됐다. 마침내 1968년 11월 30일 제1기 군승 후보생 5명이 중위로 임관해 월남전에 투입되면서 최초의 군법사가 탄생했다. 한국불교는 이날을 '군승의 날'로 삼아 48년이 지난 지금까지 매년 기념 법회를 열고 있다.

한국불교 제1종단인 조계종의 군포교는 2005년 군종특별교구가 출범하면서 새로운 전기를 맞았다. 군종교구는 개신교 천주교와 함께 서울 용산 국방부 안에 있다. 현재 군종교구의 지휘 아래 130여 명의 군승들이 전후방 400여 곳의 군법당에서 장병들의 신심 고양과 정신 교육을 담당하고 있다. 2014년에는 창군 이래 최초로 비구니 군승(여군 군종장교)이 임관하면서 또다른 이정표를 세웠다.

군승은 흔히 법사法師라고 부른다. 법사란 경률론經律論 삼장三藏에 능통해 부처님 법을 대중에게 설할 수 있는 능력이 있는 스님을 의미한다. 종단에서 공식적으로 법사라고 인정한 신분은 군법사와 교법사뿐이다. 교법사는 일선 조계종립 중고등학교에서 종교(불교) 과목을 가르치는 교사를 가리킨다. 반면 군법사는 재가불자인 교법사, 포교사와는 달리 종단의 성직자 곧 스님이다. 군대라는 특수한 환경에서 포교에 전념할 수 있도록 종단에서 파송한 승려다.

군승의 신분은 스님인 동시에 군인이다. 그래서 공식적으로는 속명을 쓴다. 군종장교로 정식 임관해 군 체계에 소속되며 나라로부터 녹봉을 받는다. 「불교신문」에서는 군승의 이름을 표기할 때 법명을 앞에 붙이고 속명을 뒤에 넣는 방식을 사용한다. 또한 스님이 아니라 법사라 하는 게 관례다. 그래서 '○○ 김○○ 법사'라고 쓴다. 군종교구 관계자는 "최초로 군승을 파견할 때 국방부에 군승의 명칭을 법사로 등록한 데서 유래됐다"고 말했다. '세속오계'로 신라시대 화랑을 지도한 원광 법사의 유지를 계승해 군의 정신전력 강화에 최선을 다하자는 다짐에서 나온 안이다. 하지만 재가 포교사들도 자신을 법사라 소개하는 일이 많아지자, 포교사와의 혼동을 방지하기 위해 기존의 '법사'를 '스님'으로 바꿔 국방부에 재등록했다.

군승 제도 초기에는 인력난으로 인해 결혼한 군승들도 많았다. 본래 조계종은 독신승만으로 구성되나 군승에 대해서만은 대처帶妻를 묵인했다. 그러다 2009년 3월 '군승에 한해 독신 규정을 예외로 한다'는 종헌宗憲 조항을 폐지하면서 그 이후 임관하는 모든 군승은 비구 스님이다. 그래서 전역을 하면 스님으로 종단에 복귀할 수 있다. 한편 경찰을 교화하는 스님들은 경승警僧이라 한다. 군승과는 달리 공무원이 아니다. 온전히 스님이다. 경찰서에서 월급을 받지 않는다.

41

팔만대장경 경판 수는
정말 8만 개인가?

1995년 12월 6일 팔만대장경이 석굴암 그리고 종묘와 함께 유네스코UNESCO 세계문화유산에 등록됐다. 합천 해인사에 봉안된 팔만대장경은 13세기 고려시대 몽골의 침략을 부처님의 가피로 막아내고자 조성한 대작불사의 결정체다. 몽골군의 방화로 기존의 '초조대장경'과 '속장경'이 소실되자, 고려 왕실은 대장경 간행 작업을 거국적으로 다시 시작했다.

팔만대장경八萬大藏經은 부처님의 삶과 가르침을 기반으로 한다. 구성은 대승 삼장三藏, 소승 삼장, 보유잡장補遺雜藏의 세 부분

으로 나뉘어 있다. 본문의 내용은 중국과 일본 등 동양의 어느
대장경보다도 우수하다는 것이 국내외 학자들의 공통된 평가
다. 특히 판각한 지 750년이 넘는 현재까지 원형 그대로 보존돼
있어, 경판 자체가 민족문화의 정수라 높이 살 만하다. 티베트
의 지도자 달라이 라마도 한국에 올 수 있다면 꼭 한번 보고 싶
다는 게 팔만대장경이다.

'대장경大藏經'은 불교 경전 전부를 가리킨다. 경장經藏, 율장
律藏, 논장論藏의 삼장三藏으로 구성되어 있다. 삼장이란 '세 개의
광주리'라는 뜻을 가진 산스크리트 '트리피타카tripitaka'를 한문
으로 번역한 말이다. 그리하여 유네스코에 등재된 팔만대장경
의 학명學名은 '트리피타카 코리아나koreana.' 경장에는 부처님이
제자와 중생을 상대로 설법한 내용을 담았고, 율장은 제자들이
지켜야 할 덕목과 공동생활에 필요한 규범을 망라한 것이다. 논
장은 경과 율에 관한 주석註釋의 결집이다.
　　팔만대장경은 '대장경'에 '팔만'을 덧붙인 이름이다. 대장경
경판의 숫자가 8만1,000여 개에 이르기 때문이다. 8만4,000개
에 이른다는 인간의 번뇌 각각을 처방하는 8만4,000법문을 수
록했다는 의미에서도 통용된다. 한국불교가 지향하는 대승불교

에 관한 내용이 맨 앞쪽에 배치됐다. 대승 삼장은 보살행 곧 보현행원普賢行願으로 상징되는 대승불교적 깨달음의 세계와 거기에 가는 방법을 설명했다. 소승 삼장은 소승불교에서 받드는 주요 경전으로, 부처님이 열반한 직후 가장 먼저 발생해 초기불교의 교리로 확정된 것이다. 보유잡장은 대승 삼장이나 소승 삼장과 달리 정연한 체계가 없다. 잡다한 경전들을 모았다. 고승들의 전기와 여행기, 불교백과사전에 해당하는 사서류, 경전 목록까지 수록했다. 경판의 개당 길이는 68센티미터에서 78센티미터. 일렬로 이으면 최대 부산에서 신의주까지 직선거리다.

한편 팔만대장경의 경판 숫자는 대략 8만1,000여 개이지만, 정확한 숫자는 논란이 되는 상황이다. 현재 공인된 팔만대장경 경판 수는 조선총독부의 관리였던 오다 간지로小田幹次郎가 1915년에 정한 8만1,258개이다. 1962년 국보로 지정할 때에도 이 수치가 반영됐다. 그러나 2000년 이래 10여 년간 문화재청과 해인사 등의 공동 조사를 통해 오다의 조사 때는 누락됐던 경판이 추가로 드러났다.

고려 말기에서 조선 말기까지 글자가 마멸된 원판 대신 새로 깎아 넣은 보각판 82판과 1915년 오다 간지로가 만든 보각판

18판, 그가 만든 보각판을 1937년 다시 복제한 18판 등 118판 이 보태진 사실이 확인된 것이다. 진품이 아닌 것도 섞여 있다 는 이야기다. 논란 중인 경판을 포함한 대장경 총수도 최초 조 사치보다 94개 많은 8만1,352개였다. 이러나저러나 에누리를 떼면, 암튼 '팔만' 대장경이다.

42

사찰 대중 전원이 동의하면
소도 잡아먹을 수 있다?

'사회는 두 명이 아니라 세 명이 모여야 비로소 구성된다'는 말이 있다. 셋이 있어야 다수결과 따돌림이 발생한다. 그리고 서로 간에 지지고 볶으며 결탁과 결별을 반복해야만 사회가 성장한다는 게 갈등론자들의 입장이다. 아울러 이는 그만큼 사람들 간에 의견 일치를 보기가 쉽지 않음을 시사하는 대목이다. 반면 부처님은 화합승和合僧의 원칙을 견지했다. 다수든 소수든 모두가 만족할 수 있는 결론을 낼 때까지 대화하고 소통할 것을 권했다. 유언으로까지 제자들에게서 다짐을 받았다. "법法에 대해 자주 토론하라. 그래야 정법正法이 쇠퇴하지 않는다. 「열반경」"

대중공사大衆公事는 최선의 대안을 도출하기 위한 승가 고유의 방식이다. 대중 전체가 토의에 참여해야 하며, 여기서 의결된 사항은 무조건 실행해야 한다. '대중이 결정하면 소도 잡아먹을 수 있다'는 속담의 유래다. 물론 아무리 완벽한 합의라손 스님들이 잔인하게 살생을 하고 게걸스럽게 육식을 할 리는 만무하다. 그 정도로 절대적인 영향력을 발휘한다는 의미를 담은 과장법이다.

대중공사는 철저하게 직접민주주의다. 또한 전원합의체다. 나이와 성별에 상관없이 모두가 동등한 입장에서 이야기를 나눈다. 큰스님이라고 발언권을 독점할 수 없으며, 예비 승려에 불과한 사미의 말도 귀담아들어야 한다. 상하 위계를 막론하고 단 한 명의 구성원이 반대하더라도, 결정을 철회하거나 설득에 설득을 거듭해야 한다. 인류사에서 가장 합리적이고 인간적인 제도라 추켜세울 만하다.

전통적으로 절 집안에선 대중공사를 통해 모든 대소사에 대한 가부可否를 택했다. 크게는 주지 선출부터 작게는 절 밖으로 출타를 해도 되느냐까지, 모조리 대중공사를 거쳐야 했다. 객승

客僧을 구성원으로 받아들일까 말까, 누군가의 잘못을 어떻게 처벌해야 하는가도 대중공사의 의제다. 조계종 자성과 쇄신 결사 추진본부 사무총장 혜조 스님은 "예전엔 섬돌에 신발만 비뚤게 놓아도 대중공사에 부쳐 처분을 정했다"고 말했다.

대중공사는 아침 공양을 마친 뒤의 '약식略式공사'와 사중寺衆 전체가 참여하는 정식 '대중공사' 그리고 본찰本刹의 사중뿐만 아니라 산내 암자 스님들까지 총집결하는 '산중공사'로 나뉜다. 약식공사는 일종의 조회朝會와 같다. 각자 소임을 맡은 스님들이 그날 절에서 처리해야 할 이런저런 업무 혹은 운력運力(집단노동) 계획을 보고한다. 3일 이상 절을 비워야 할 일이 있을 경우에는 반드시 행선지와 이유를 밝혀야 한다. 안거 결제 시 선원禪院을 찾은 외지外地의 납자衲子가 대중에게 인사를 올리며 '여기서 3개월을 지내겠다'고 허락을 받는 것도 약식공사를 통해서다. 정식 대중공사는 절 안의 중대사에 대해 의견을 주고받는 자리다. 중요한 회의이니 필히 장삼과 가사를 수해야 한다. 산중공사가 제일 큰 규모다. 산불이 났거나 누군가 입적하는 등의 비상 상황 또는 주지와 같은 대표자를 뽑을 때 행한다. 오늘날 승가에서도 '전원 참석 전원 합의'를 지향하는 대중공사가 기본적인 의사결정 구조다. 다만 합의에 끝내 실패하면 투표로 대신하거나 대의제를 도입하기도 한다. 국가의 국회에 해당하는 중앙종회가 조계종의 공식적인 대의기구이자 입법기구다.

스님들이 동일한 장소에 거주하는 현전승가現前僧伽에서는 대중공사가 비교적 수월한 편이다. 인원도 상대적으로 적은 데다, 시쳇말로 '절이 싫으면 중이 떠나면' 그만이기 때문이다. 그러나 1만2,000여 명의 스님들이 전국 25개 교구별로 흩어져 있는 사방승가四方僧伽에서 만장일치를 보기란 그야말로 하늘의 별 따기다. 결국 종단을 대표하는 총무원장 선출 등 주요 현안은 세간의 보편적인 방식인 선거로 가리는 일이 정착됐다.

하지만 선거는 본질적으로 전쟁이다. 표를 누가 더 많이 모았느냐는 승부이므로 끝내는 '세력 싸움'과 '편 가르기'가 횡행할 수밖에 없다. 이를 극복하자고 2015년 종단 집행부가 만들어 낸 것이 '종단 혁신과 백년대계를 위한 사부대중 100인 대중공사'다. 출재가가 골고루 참여해 불교계의 문제와 화두를 다룬다. 종단 내부의 모순과 맹점이 사석이나 술자리가 아니라 공적이고 개방된 자리에서 논의되고 소화된다는 점이 괄목할 만하다. 100인 대중공사 추진위원장 도법 스님은 "힘겨루기가 아니라 서로가 도반道伴이라는 공동체의식을 성숙시키는 동시에 불교를 변화시키는 주체는 '우리'라는 자부심과 책임감도 갖게 됐다"고 평가했다. 새로운 정치 형태로 세간에서 부상하는 '숙의熟議 민주주의'의 모범이기도 하다.

탁마상성琢磨相成 붕우지은朋友之恩. 존재는 관계 속에서 완성된다. '바보 셋이 모이더라도 문수보살의 지혜가 나온다.' 도법 스님이 즐겨 쓰는 격언이다. 좋은 친구와 좋은 이야기를 하다 보면 좋은 사람이 되는 법이다. 무엇보다 대중공사의 궁극적 목표는 결론이 아니라 화합이다. '같이 살자'는 것이지 '이기겠다'는 것이 아니다. 승자독식과 패자멸족의 한국 사회에 긴급하게 요구되는 가치다.

43

스님들이
담배를 피워도 되나?

벌써 10년도 더 된 일이다. 어느 소규모 종단의 주요 수임자 회의가 열린 서울 남산 소재 호텔 앞이었다. 한 스님이 버젓이 그리고 맛있게 담배를 피우고 있었다. 주변의 눈총은 따가웠다. 동료 스님 한 명이 작심하고 따졌다. "지나는 사람도 많은데 좀 자제하시죠." 핀잔을 들은 스님은 아무렇지도 않다는 듯 되받아 쳤다. "쿨하지 못하게 왜 이러실까. 스님이라고 담배 피우지 말라는 법 있어요?"

담배는 술, 커피 등과 함께 대표적인 기호품이자 가장 말이 많은 기호품이다. 건강에도 좋지 않은 데다 비흡연자에게 담배 연기는 상당한 곤욕이다. 때와 장소, 면전面前을 가리지 않고 물었다가는 '싸가지 없다'는 불명예가 붙기 십상이다. 물론 아직까지는 사회적 통념에 따른 멸시이고 원성일 따름이다. 흡연이 범법은 아니기에 스님이 담배를 피운다고 잡아 가둘 수는 없다. 다만 모양새가 좋지 않을 뿐이다.

출가자의 행동거지는 철저히 계율에 근거한다. 흡연의 허용 여부도 스님으로서 하지 말아야 할 행동을 담은 율장律藏을 보면 바로 답이 나올 것이다. 하지만 율장에는 담배를 피우지 말라는 구절은커녕 담배라는 단어도 찾아볼 수 없어 난감하다. 그도 그럴 것이 끽연용으로 재배되는 담배는 1518년 스페인에 처음 도입됐다. 곧 부처님이 재세在世할 당시인 기원전 6세기나 율장이 본격 편찬된 1세기 전후는 담배라는 개념조차 없던 날들이다.

그러나 부처님은 충분히 지혜로웠다. 수방비니隨方毘尼는 선견지명의 결실이었다. '방편에 따른 율', 즉 시대와 지역에 따라 새롭게 제정되는 율을 뜻한다. 그러니까 비록 율장에 명시되지 않았더라도 당대의 윤리와 관습에 어긋나는 행위라면 무슨 일이든 삼가야 한다는 내용이 담겼다. 세상의 존경을 받고 싶다면 세상의 풍습과 약속을 따르라는 것이다.

그래도 반론이 있을 수는 있다. 여전히 흡연자가 적지 않고 흡연권은 인간의 적법한 권리 가운데 하나다. 담배가 건강에 직접적인 해악을 끼친다는 논란 역시 지금껏 최종적인 결론이 나지 않았다. 스님도 스님 이전에 시민이고, 지정된 구역에서만 담배를 피운다면 문제될 게 없다는 주장이 제기될 수 있다. 특히 남들이 우러러보는 성직자의 흡연은 흡연자의 권익을 보호하는 데 기여하는 측면도 있을 것이다. 우스운 헛소리 같지만, 갈수록 설 자리가 좁아지는 골초들은 솔깃해할 만한 변명이다.

식세기혐계息世忌嫌戒는 수방비니에서 한걸음 더 들어간다. 세상이 꺼리고 혐오하는 것이면 무조건 하지 말라는 가르침이다. 부처님은 『범망경』에서 출가자의 금기를 성중계와 식세시혐계로 갈라놓았다. 성중계性重戒란 살생, 투도(도둑질), 사음(성교), 망어(거짓말)의 사중금四重禁으로 행위 자체가 본질적으로 악행인 것을 저지르지 말라는 교시다. 음주를 금지한 것은 세간의 비난을 염려해 만든 식세기혐계의 일종이다. 이 다섯 가지 계율(오계五戒)은 재가자들도 필히 준수해야 한다. 한편 출가자는 재가자와 뭔가 달라도 달라야만 대접을 받을 수 있다는 건 상식이다. 식세기혐계는 디테일이 압권이다.

"물건을 매매賣買하면 안 된다. 집을 사거나 농사를 짓거나 가게를 내어서는 안 된다. 악의를 가지고 타인의 자유를 속박하거나 성공을 방해해서는 안 된다. 가축을 키우거나 노비를 부려서는 안 된다. 하루에 두 끼를 먹어서는 안 된다. 음식을 저장하고 두고두고 먹어서는 안 된다. 식사 초대에 응해서는 안 된다. 좋은 발우를 쓰거나 푹신한 이불을 덮어서는 안 된다. 목침이라도 베개를 베면 안 된다. 노래와 음악을 즐기면 안 된다. 일체의 놀이를 해서도 봐서도 안 된다."

이외에도 많은데 정말 가지가지다. 단적으로 말하면, 그냥 숨만 쉬고 살라는 이야기다. 목숨의 연명 말고는 사실상 허락된 일이 없는 셈이다. 인간으로서 느낄 수 있는 모든 즐거움을 포기하라고 재촉하는 부처님의 결론은 다음과 같다. "그와 같이 하면 몸에서 냄새가 나지 않고 하늘과 사람들이 모두 공경하고 존중하고 찬탄할 것이다." 사정이 이러하니 스님의 흡연에 대한 가부는 구태여 논하지 않아도 이미 결정된 셈이다.

말만 앞세우면 하물며 대통령이라도 호되게 까이는 풍속이다. 언행일치는 개인의 인격을 평가하는 오랜 시금석이다. 조계종은 2015년 9월 『승가청규』를 펴냈다. 가장 큰 의의는 현대 사회 출가수행자의 바림직한 행동 양식을 조목조목 명문화했다는 점이다. ▲고가 제품은 착용을 삼간다 ▲질병과 요양 등의 이유가 아니면 육식을 삼간다 ▲세간의 호화 숙박시설 투숙을 삼간다 ▲자동차는 사용 목적에 적당한 차량을 사용하되 검소함을 잃지 않는다 ▲회갑 등 개인 축하연은 삼간다 ▲정당에 당원으로 가입하거나 후원회장 등 선거 관련 소임을 맞지 않는다 ▲행장 行狀은 사실에 근거해 진솔하게 기술한다 ▲항상 경어敬語를 사용한다 등의 항목은 은연중에 퍼진 권위주의와 허례허식과 세속화를 은근히 타이르고 있다.

핵심은 소욕지족少欲知足. 사적인 불이익을 감내하면서 공적인 복리와 화합을 위해 진력하는 것이 자비의 일거수일투족이란 교훈이 엿보인다. 끊임없이 님들의 시선을 의식하고 몸기짐을 극단적으로 정결히 해야 하는 게 스님의 운명이다. '약점을 잡히면 끝장'인 요즘 세태에서는 더더욱 그렇다. 개인적으로는 열일곱 살 때부터 담배를 피웠다. 그래서 출가를 못한 건지.

44

일반 신도가
승복을 입어도 되나?

승복僧服은 말 그대로 스님이 입는 옷이다. 오늘날 우리나라 스님은 회색 저고리(적삼)에 회색 바지(고의)를 기본으로 회색 두루마기(동방)를 겹쳐 입는다. 색깔만 회색일 뿐 전체적인 품새는 전통 한복과 다를 바 없다. 사실 현재의 승복과 가장 가까운 복식은 조선의 옷이었다. 다만 회색이라는 색깔이 수행자로서의 정체성을 드러낸다. '모름지기 비구는 괴색壞色의 옷을 입어야 한다'는 율장의 가르침이 그 유래다.

괴색이란 특정한 색깔이라기보다 색을 무너뜨린 색, 다시 말해 원색이 아닌 색을 가리킨다. 예로부터 승복에서는 잿빛이 난다. 화려하고 비싸게 마련인 원색을 금지하는 규범에 따라, 옷감을 값싼 염료인 먹물로 물들였기 때문이다. 아울러 옷 한 벌로 평생을 사는 게 출가수행자의 법도다. 원래는 검었던 옷이 시간이 흐르고 색이 바래면서 자연스럽게 회색이 되었을 것이다. 곧 염의染衣는 삭발과 함께 스님으로서의 청정함과 검소함을 상징하는 주요 코드다. 또한 회색은 흑색과 백색이란 양 극단을 지양하고 중도中道를 지향한다는 의미도 갖고 있다.

본래는 몸에 두르는 가사袈裟가 곧 승복이었다. 가사는 분소의糞掃衣라고도 한다. 말하기 민망하지만, 그야말로 똥을 닦고 버린 닝마쯤으로 풀이된다. 부처님과 제자들이 남이 버린 옷이나 화장하기 전 시체를 감쌌던 헝겊을 주워서 옷으로 삼았던 데서 연유했다. 무소유의 극치인 셈이다. 지금도 열대 지역인 남방 불교권에서는 가사만 몸에 걸치는 것이 정석이다. 이들은 신발도 슬리퍼를 신는다. 가사 안에 옷을 받쳐 입는 한국 스님을 스님으로 인정하지 않는 시선도 일부 있다는 귀띔이다. 겨울이 뚜렷하고 기다란 우리나라에서 한 철만 월동을 해도, 그런 비난은 하지 못할 것이다.

어쩔 수 없는 추위 때문에 결국 동아시아에서는 가사 안에 따로 옷을 입는 문화가 정착됐다. 한국, 일본, 중국 스님은 땅바닥까지 내려오는 장삼과 가사를 착용한 상태에서 예불을 올리거나 의식을 한다. 이것이 스님의 정장이다. 한편 가사의 조각 수에 따라 5조條부터 25조 가사까지 나뉘는데, 조각이 많이 난 가사를 걸칠수록 지위가 높은 스님임을 나타낸다. 조계종은 종단의 위계질서 확립과 수행자 위상 제고를 목적으로 2006년 가사원을 설립했다. 자체적으로 스님들 전원에게 통일된 가사를 제작 보급하고 있다.

한편 사찰에 가면 승복을 입은 재가불자들을 심심찮게 볼 수 있다. 머리만 깎지 않았다 뿐이지 영락없는 스님의 행색이다. 1960~70년대 부처님오신날 사찰 풍경을 찍은 사진에도 승복 차림의 여성 신도들이 군중 구석구석에서 목격된다. 연원과 내막을 알 수 없는 습속이다. 그저 스님이 좋아서 따라했을 것이라고 짐작할 따름이다. 물론 재가불자와 관련한 복식 규정이 별도로 명시된 적이 없으므로 무어라 따지거나 나무랄 계제는 못된다.

단, 경전에는 일반 신도들을 백인白人 또는 백의白衣라고 지칭하는 구절이 간혹 나온다. 주로 흰색 옷을 입었다고 추측할 수 있는 대목이다. 그러나 전 송광사 율학승가대학원장 도일 스님은 "백의라는 말은 단지 흰옷을 뜻하는 것만이 아니라, 원색의 옷을 입지 않는 승가에 대비해서 원색의 옷을 그대로 입는다는 의미도 포함돼 있다"고 지적했다. 이와 함께 부처님을 친견할 때는 사치스러운 장식을 절 문 밖에 모두 벗어 두고 들어갔다는 기록이 있다. 정확히 어떤 모양과 색깔의 옷을 입었는지는 단정할 수 없으나, 소박하고 정갈한 모습이었을 것만은 분명하다.

사찰은 성소聖所다. 그러니 경건한 마음가짐을 드러내고 유지할 수 있는 차림새가 최적의 복장일 것이다. 맵시가 단아하고 절하기 편한 승복도 원칙적으로는 문제될 것이 없다. "스님을 향한 존경심과 불자로서의 자부심을 키울 수 있는 방편." 동국대 명예교수 법산 스님의 격려다. 다만 승복을 '변장'의 도구로 삼아 스님 행세를 하고 돌아다닌다면 마땅히 단죄해야 할 일이다. '사기꾼'들에게는 외양만이 아니라 승복에 담긴 정신을 잊지 말아야 한다는 충고를 해줄 만하다. 옷이 날개라지만, 승복은 책임이다.

45

'입적'이란 표현은
스님에게만 쓸 수 있나?

죽지 않는 생명은 없다. 살아간다는 것은, 죽어간다는 것이다. 죽음은 모든 인간 앞에 놓인 최종적 숙명이자 난제다. 인류는 허다한 철학과 종교를 통해 죽음의 의미와 배후를 탐구하면서 값진 죽음을 모색해 왔다. 불교의 수행 역시 죽음을 향한 성찰이고 도전이다. 생사生死의 끝없는 질곡을 벗어날 목적으로 수행자들은 염불을 외고 화두를 들며 죽기 직전까지 굶어 보기도 한다.

부처님은 6년간의 고행과 21일간의 명상 끝에 마침내 깨달왔다. 엄밀히 말하면 명상만으로 깨달았다. 몸이 힘들면 마음도 거칠어지는 게 인지상정이다. 부처님은 피골이 상접할 정도로 가혹하게 육신을 괴롭히는 일의 부질없음을 자각한 뒤, 편안한 상태에서 사유에 집중하는 명상으로 선회했다. 그렇게 해서 깨우친 것이 중도中道다. 중도란 고행과 쾌락이라는 양 극단에 치우치지 않는 길이다. 이것에도 저것에도 연연하지 않는 '제3의 길'이라고 풀이할 수 있다. 어차피 인생유전人生流轉이고 과유불급過猶不及이니까. 부처님은 중도를 통찰함으로써 죽음으로부터 자유로워졌다.

실제로 불교는 죽음에 대해 부정적으로 바라보지 않는다. 연기緣起의 원리에 따라, 태어난 것은 반드시 죽게 되어 있다. 자연의 질서이고 순리이므로, 거부할 수 없으며 애닯아 한다고 모면될 일도 아니다. 한걸음 나아가 죽음을 흔쾌히 받아들이는 편이다. 살아있다면 응당 겪어야 할 번민과 시련을 궁극적으로 해소해주기 때문이다. 예컨대 부처님의 죽음을 뜻하는 '열반涅槃'이란 개념에서 죽음에 대한 불교의 열린 시각을 엿볼 수 있다.

열반은 산스크리트 '니르바나nirvana'의 음차音差다. 니르바나의 일차적 의미는 '불길이 완전히 꺼져 재만 남은 상태'를 일컫는다. 결국 죽음이란 더 이상 불같이 화를 낼 필요도 없고 세상으로부터 화를 입을 염려도 없는 완전한 평화의 상태라고 풀이할 수 있다. 본래 열반은 깨달음으로 이룩한 최고의 경지 혹은 지순한 행복을 가리킨다. 해탈解脫이다. 이것이 죽음에 대한 긍정적 관점과 맞물리면서 열반은 '깨달은 자의 죽음'이란 이차적 어의語義 획득하게 됐다.

이즈막엔 원로 스님들이 수명을 다했을 때에도 '열반'이란 단어를 왕왕 쓴다. 일관된 수행과 포교로 종단 발전에 크게 기여한 큰스님에 대한 예우의 표현이다. 알다시피 일반적으로 스님의 죽음을 지칭하는 표현은 입적入寂이다. 일체의 번뇌가 사라진 적멸寂滅의 세계로 회귀했다는 뜻으로, 열반과 별반 다르지 않다. 원적圓寂이나 귀적歸寂이라는 용어를 쓰기도 하는데, 의미는 대동소이하다. 현생의 교화를 끝내고 내생의 교화를 위해 떠난다며 천화遷化라고도 한다. 특히 덕망이 높은 스님의 입적 소식은 크게 보도하게 마련인 불교계 언론에서는 원적이란 낱말을 애용하는 편이다. 부처님의 죽음을 뜻하는 열반은 너무 부담스럽고, 통상적으로 쓰는 입적은 너무 가벼워 보이는 데서 연유한다.

열반, 원적, 입적, 입멸入滅 등등 스님의 죽음을 기리는 단어는 많다. 반면 재가불자의 죽음을 가리키는 단어는 아예 없다고 봐도 무방하다. 생전에 아무리 도가 높기로 유명했다 해도, 어느 신문이든 그의 부음 앞에 입적이라고 기록할 엄두를 못 낸다. 결국은 출가자 중심으로 운영되게 마련인 교단이니, 어쩌면 당연한 현상일 수도 있겠다. 불교는 전통적으로 윤회를 받아들인다. 그래서 재가불자의 죽음을 가리키는 말로는 '다른 세상으로 갔다'는 타계他界라는 용어가 그나마 불교적이다. 일견 별세別世가 제일 깔끔하다. '영원히 잠들었다'는 영면永眠은 육신의 허망함을 강조하는 불교 교리에 맞지 않다. 하나님의 부름을 받았다는 소천召天, 가톨릭 신부의 죽음을 일컫는 선종善終을 쓸 수도 없는 노릇이다.

흔히 재가자가 죽으면 '극락왕생極樂往生하라'고 위로하는데, 사실 이것은 치열하게 수행하는 이들에 대한 모독이다. 극락이란 천상天上인데, 나머지 인간·축생·아귀·아수라·지옥을 포함해 중생이 윤회한다는 육도六道 가운데 하나일 뿐이다. 아무리 휘황찬란하고 유유자적한 곳이라 해도, 필연적으로 말 많고 탈 많은 공간이다. 재벌에게도 재벌만이 갖는 스트레스가 있으리라 믿는다. 출가자나 재가자나 목표는 똑같이 열반인 것이다. 다음생에 천국에 태어나고 싶어서 수행한다면, 그는 멍청이다.

방온龐蘊(?~808)은 중국불교사에서 가장 추앙받는 속인俗人이다. 남성 재가자를 뜻하는 거사居士를 붙여 보통 방거사라 한다. 본래 부유한 가문의 촉망받는 인재였다. 과거 시험을 보러 가던 도중 여관에 들렀는데, "관직에 오르는 게 부처가 되느니만 못하다"는 어느 객승의 충고에 그 길로 출세를 포기했다. 마조馬祖 선사의 문하에서 공부하며 크게 깨우쳤다. 전 재산을 강물에 던져버린 뒤, 바구니를 만들어 팔며 생계를 이었다. 세속의 명리를 초탈했던 방온의 법문과 행적을 모은 『방거사어록』은 오늘날까지 면면히 전해진다. 그리고 그의 죽음을 묘사한 단락의 제목은 '입멸'이라고, 당당하게 적혀 있다.

비록 출가는 하지 않았으나 세속에서 열심히 정진하는 유발有髮 수행자들의 열정은 스님들의 그것과 같고 또한 그처럼 굳세다. 염불이든 참선이든, 경전을 읽든 경전을 베껴 쓰든, 산속의 토굴에 들어가 생식을 하든…. 삶의 달콤함과 죽음의 씁쓸함 사이에서 끊임없이 자신을 방황케 하는 쳇바퀴를 부숴버리겠다는 몸부림이다. 홍사성 「불교평론」 주간은 "정법에 입각해 투철하게 수행한 사람이라면 그의 죽음을 원적이라고 불러도 원칙적으로 문제가 없다"면서 "다만 승보를 공양하는 교단임을 고려해 먼저 대중의 광범위한 합의가 전제돼야 한다"고 밝혔다.

학승學僧으로 존경받는 스님도 동의했다. 스님들의 승급昇級 시험을 관장하는 조계종 고시위원장 지안 스님은 "열심히 수행하며 청정하게 살아가는 재가 수행자에 대한 존중은 수행문화의 확산에 기여할 수 있다"며 찬성했다. 결국 관건은 지위나 신분이 아니다. 살아가면서 얼마나 치열하게 수행했고, 기어코 어떠한 정신적 자산과 교훈을 남겼느냐의 여부일 것이다.

46

'천상천하유아독존'은
나만 존귀하다는 뜻인가?

'천상천하유아독존天上天下唯我獨尊.' 두루 알려졌다시피 부처
님이 이 땅에 태어나자마자 외친 일성一聲이다. '이 세상에서 오
직 나만이 홀로 존귀하다'는 뜻이다. 갓난아기가 말을 했을 리
는 없으니, 후대의 각색일 확률이 매우 높다. 아울러 '태초에 말
씀이 있었다'는 기독교의 세계관은 장엄하다. 부처님의 제자들
도 교조教祖의 첫 한마디에 불교의 핵심을 집약해 담고 싶었을
것이다. 한편으로는 자못 오만한 어감 때문에 개그 소재로 활용
되기도 했다. 그러나 사실 '천상천하유아독존'은 불교의 지고한

가치인 '본래 부처'란 무엇인가를 일러주는 최초의 그리고 최상의 경구警句다. 제대로 이해하기만 하면 마음의 눈을 띄울 수 있는 말이기도 하다.

'나'란 부처님 본인만이 아니라 개별자 전체를 아우른다. '일체중생 실유불성—切衆生 悉有佛性'과 연결되는 맥락이다. 나아가 '모든 중생이 불성을 갖고 있다'는 말은 각자의 생명은 그 자체로 부처이며 그저 존재함으로써 존귀하다는 논리로 의역할 수 있다. 아울러 누구나 '천상천하유아독존'이므로 바로 다음 구절인 '삼계개고아당안지三界皆苦我當安之(온 세상 모든 중생을 편안하게 해주겠다)'가 가능해진다. 지금 있는 모습 그대로 부처임을 자각하게 되면, 과거의 치욕과 현재의 절망과 미래의 불안으로부터 자유로워질 수 있다는 것이다. 세계 평화의 첫걸음은 나 자신에 대한 긍정이다.

덕숭총림 수덕사 방장 설정 스님은 2010년 「불교신문」과의 부처님오신날 특집 인터뷰에서 "부처님의 자화자찬이라고 오해하면 곤란하다"며 천상천하유아독존의 참뜻을 설명했다. "모든 생명 각자가 스스로 존귀하다는 것을 깨우치라는 경책"이라며 "질투심과 열등감에 시달리며 스스로를 업신여기는 이들에게

저마다 자기 자신을 등불로 삼고 저기를 믿으라.

전하는 격려"라고 말했다. '천상천하유아독존'의 당당함과 여유로움은 훗날 중국 당나라 임제 의현 선사에 의해 무위진인無位眞人이란 개념으로 변주됐다. '자리 없는 참사람'이란 '자리에 집착하지 않는 사람' 또는 '등급을 매길 수 없는 사람'이란 의미다. 신분과 환경에 개의치 않고 어떠한 상황에서도 자신에 대한 신뢰를 잃지 않으면 무위진인인 셈이다.

물론 '내가 존재한다'는 건 기쁨보다 슬픔일 경우가 훨씬 더 많다. '하늘 위 하늘 아래 나 홀로 우뚝 서 있다'라는 건 모두에게 보편적으로 주어진 조건, 곧 절대적 고독을 뜻하기도 한다. 누구도 나를 대신 살아줄 수 없으며 대신 죽어줄 수 없다. 혼자서 이끌어가야 하는 인생은 필연적으로 외롭고 고되며 혼란스럽다. 누군가 나의 아픔을 위로해줄 수는 있어도 대속해주지는 못한다. 잘났다고 뻐길수록 실제로는 못난 인간이기 십상이다. 독존獨尊을 꿈꿀수록 독존獨存의 현실만 뚜렷해진다. 이웃과 마음을 나눈다지만, 몸에 소속된 마음은 응당 자기의 몸을 위해 복무하게 마련이다.

부처님은 이러한 실존적 비애를 뼈저리게 느끼던 인간이다. "부처님이 돌아가시면 우리는 누구를 의지해 살아가야 하느냐"

는 수제자 아난의 탄식에 "저마다 자기 자신을 등불로 삼고 자기를 믿으라"고 다독였다. 자등명법등명自燈明法燈明. 원래 부처님이 실제로 사용하던 언어인 빨리어 경전에는 등燈이 아니라 섬島으로 쓰였다고 전한다. 이러니저러니 해도 우리는 각자가 한 개의 섬일 뿐이다. 그리고 섬에 등불을 밝히고 그 불빛에 따라 자신의 길을 슬기롭고 강인하게 헤쳐 가야 하는 숙명을 갖는다. 지금 괴롭고 힘들다면, 누구보다 잘 살고 있는 것이다! 인생의 무게를 순조롭게 버텨내고 있다는 증거이므로. 더러워서 못 살겠다는 삶도, 그 더러움의 크기만큼 거룩한 것이다.

47

부처님의 고향 인도에는
왜 불교 신자가 없을까?

　　2009년 인도에 다녀온 적이 있다. 불교 8대 성지를 순례했다. 부처님이 탄생한 룸비니만 인접 국가 네팔의 영토다. 당신이 깨달은 부다가야, 열반한 쿠시나가르, 처음으로 설법한 사르나트, 최초의 사찰 죽림정사가 세워진 라즈기르(왕사성),『금강경』을 가르친 기원정사가 있는 스라바스티, 마지막 안거를 지낸 바이살리, 부처님의 핏줄인 석가족이 거주하는 상카시아는 인도 동북부 우타르프라데시 주州에 속한 땅이다. 2월이었는데도 무척이나 더웠다. 곳곳에서 소똥 냄새를 맡으며 거지들의 떼 지은 구걸을 묵묵히 견뎌야 했다. 무엇보다 거대한 대탑이 인상적인 부다가야 말고는 사실상 버려진 유적들이었다. 잔해와 폐허 속에서 '성지聖地'는 이름과 추억으로만 떠돌았다.

알다시피 인도는 부처님의 본거지이자 불교의 시원始原이다. 기원전 3세기 인도 전역을 통일하고 불교를 국교로 지정한 아쇼카 왕의 치세가 불교의 극성기였다. 중국 당나라 현장 스님은 『대당서역기』에 "인도엔 불교 사원이 1,000개가 넘고 출가수행자는 5만이 넘는다"고 적었다. 7세기 초중반의 상황이다. 그러나 지금은 흔적만 남았다. 독자적인 교단도 스님도 신도도 없다. 국민의 절대다수는 힌두교 신자다. 공식적으로는 13세기 이슬람의 침공으로 인해 불교가 멸망했다고 본다. 근본주의와 폭력성으로 무장한 무슬림의 난동에, 비폭력을 지향하는 불자들이 속절없이 무너졌다는 게 정설이다.

그러나 부자는 망해도 삼대를 가는 게 사바세계의 이치다. 전쟁의 승패는 끝내 동원된 인력과 물량의 크기로 좌우되는 법이다. 타종교에 허무하게 당했다면, 그만큼 내실이 빈약했으리란 이야기다. 그래서 자연스러운 소멸이란 견해도 있다. 영국으로부터의 독립 이후 인도의 제2대 대통령을 지낸 철학자 라다

크리슈난은 "인도에서 불교가 사라진 근본 원인은 당시에 유행하던 힌두교의 여러 종파들과 불교 사이에 어떠한 차이점도 찾을 수 없어졌기 때문"이라고 지적했다. 힌두교는 국민 개개인이 각자 다른 신을 숭배한다고 할 만큼 다신교적 특성을 띤다. 부처님도 허다한 신들 가운데 하나로 도태됐다.

밀교密教는 인도불교의 마지막 종파다. 이슬람에 의한 절멸 직전까지 700년간 성행했다. 비밀스러운 제의祭儀를 중시하는 밀교는 인도의 전통 종교인 브라만교의 의례와 주술을 통째로 흡수했다. 토속신들은 불교 안에 유입돼 각종 불佛과 보살菩薩과 명왕冥王과 범천梵天으로 부활했다. 세월이 흐르면서 피장파장은 가속화됐다. 궁극적으로 브라만교가 힌두교로 재편되면서 불교는 점차 힌두화됐고 급기야 서로 구분할 수 없는 지경에 이르렀다.

불교는 초기만 해도 철저하게 이성理性과 사유思惟의 종교였다. 부처님은 초지일관 겉보기에 그럴싸하거나 남들이 그렇다고 하는 게 아니라, 객관적 사실만을 믿을 것을 강조했다. 충분히 생각하고 마침내 검증이 됐다고 확신하는 것만 진리로 여기기를 신신당부했다. 그리고 그것이 차별화된 생명력이었다. 인간의 운명은 자기가 만드는 것이지 신神에 의해 정해지는 것이 아니라며 신분제를 부정한 것도 비슷한 맥락이다. 결국 브라만교와의 합병은 교조敎祖인 부처님이 그토록 경계했던, 미신과 악습과의 결탁이었다. 곧 불교가 망한 본질적 원인은 합리성의 상실이다.

유명무실해진 계율도 한몫했다. 『대당서역기』에는 "수행승들이 처자식을 거느리고 가축을 기르고 살생을 일삼는다"는 탄식이 나타난다. 대처승은 어느 시대에나 화근이다. 교단 내에 교육받지 못한 하층민의 비중이 커지면서 지성知性의 힘이 서서히 위축됐다는 데서도 연원을 찾는다. '그저 부처님을 무작정 믿으면 복을 받는다' 류의 옹졸한 신앙이 판치게 됐다는 분석이다. 수많은 분파의 대립이 결정타였다는 시각도 보인다. 학승들 간의 치열한 논쟁은 학문적 발전과 함께 원한과 절교를 남겼다.

우뚝 선 건물은 필연적으로 그림자를 갖는다. 5세기에 설립된 세계 최대 규모의 불교대학이었던 '나란다'의 영광은, 민심과 유리된 성직자들의 먹물 자욱한 자기만족으로 읽을 수도 있다. 요컨대 스님이 좀체 스님 같지 않고, 스님들끼리 싸우고, 스님과 신도가 따로 노는 형국이었던 격이다. 결정적으로 철학이 작동하지 않았다. 적전분열의 풍경은 이토록 어수선했다. 백성들과 함께 호흡하지 않고 희망을 제시해주지 못하는 종교는, 상조회사에 불과하다.

48

'천도제'인가,
'천도재'인가?

유교문화권에 속한 한국인은 제사에 익숙하다. 그래서인지 불교 고유의 의식인 재齋와 혼동하는 경우가 간혹 있다. 사찰에서 고인故人의 극락왕생을 빌어주는 '천도재遷度齋'를 '천도제'라 표기하는 실수를 범한다. '재齋'와 '제祭'는 한끝 차이지만, 엄밀히 다른 차원의 개념이다. 일단 돌아가신 분에 대한 자세부터 다르다. 전자가 '영원히 떠나시오'라면, 후자는 '언제든 오시오'라는 상반된 특징을 갖는다.

'제祭'라는 한자는 月+又+示의 조합이다. 여기서 '月'은 하늘의 달이 아니라 고기肉를 일컫는 '육달월'이다. 육달월에 '또 우又'와 '보일 시示'가 들붙었으니, 종합하면 '고기를 겹겹이 쌓아 내보인다'는 의미다. 곧 돌아가신 혼령을 위해 진수성찬을 대접하는 일이라고 말할 수 있다. 결국 유교가 끔찍이 여기는 효孝의 산물인 제사의 핵심은 '정성껏 음식을 준비했으니 어서 오셔서 맛있게 드시고 후손들을 음덕陰德으로 보살펴달라'는 청원이다. 죽은 자들을 위한 봉양과 추모의 성격도 적지는 않으나 요점은 살아있는 자들의 이익과 행복에 맞춰져 있는 셈이다.

반면 '재齋'는 '가지런할 제齊'에 '보일 시示'를 합친 것이다. 제사와 마찬가지로 음식을 만들어 내보인다는 행위는 비슷하다. 그러나 그 전에 '가지런한' 마음을 보여야 한다고, 음식을 바치는 정성이 반듯하고 갸륵해야 한다고 강조한다. 의식의 규모보다는 의식을 치르는 정신을 중시한다는 점이 특색이다. 그런 맥락에서 재齋는 계戒와 통한다. 내가 깨끗하고 간곡한 심정으로 올곧게 기도해야만, 영가靈駕가 사바세계를 벗어나 극락세계에서 영영토록 편안히 잠들 수 있기 때문이다. '욕되고 억울했던 이승일랑은 빨리 잊으라'는 권고도 담겼다. 제사와는 달리 죽은 자들을 향한 위로와 자비가 재齋의 진면목임을 알 수 있다.

'재'의 어원은 산스크리트 '우파바사타upavasatha.' 이를 번역하여 '재'라 하였다. 신구의身口意 삼업三業, 즉 몸과 입과 마음이 저지른 죄를 참회하고 부처님을 경건히 받들며 귀의하겠다는 의식이었다. 부처님을 대리하는 스님들의 식사를 가리키기도 했다. 이후 1차적 어의가 확장되면서 스님을 공양하는 의식 또는 그와 같은 의식을 중심으로 한 법회를 두루 뜻하게 됐다. 한편으론 상사喪事와 관련된 제의祭儀 전반을 칭하는 용어로도 전용한다.

무차회無遮會는 최대 규모를 자랑하는 재였다. 죽은 자뿐만 아니라 살아있는 자들에게도 베풀었다. 부처님이 기원정사에 머물 때 장자長者 람달이 무차대회를 열고 5,000명의 출가자를 공양했다는 기록이 『법구경』「술천품述千品」에 나온다. 람달은 무려 5년 동안 옷과 약, 진기한 보물과 생필품을 공급하고 무차회 마지막 날에는 무려 8만4,000가지의 물건을 무차별로 보시했다. 법회인 동시에 잔치였다. 아무리 그 교리가 심오하고 그 역사가 명멸하더라도, 불교의 이상理想은 끝내 모든 생명이 잘 먹고 잘 살다가 잘 죽는 것이다.

람달의 뻑적지근한 기부는 훗날 인도 마우리아 왕조의 제3대 임금 아쇼카 왕이 계승했다. 인도 대륙을 무력으로 통일하고는 전쟁의 살육을 뉘우치며 독실한 불자가 된 인물이다. 그는 선지식善知識의 법문을 자주 청해 듣고 모든 백성에게 재물을 충분히 나눠주며 이웃 사랑을 실천했다. 아쇼카 왕이 인도의 전륜성왕轉輪聖王이었다면, 남북조시대 양무제梁武帝는 중국의 불심천자佛心天子였다. 14일간 계속된 동태사同泰寺『반야심경』강설 법회에는 연인원 30만 명이 참여했다. 외국의 사신까지 끌어다 앉혔다. 다만 너무 잦은 무차회로 나라의 재정을 축내고 빠른 멸망을 재촉했다는 게 오점이었다.

우리나라에서는 불교가 국교였던 고려시대에 국가 차원의 재가 성행했다. 이때는 스님에게 밥을 해드린다는 의미로 반승飯僧이라고도 불렀다. 임금의 생일이나 사찰의 낙성 법회 때는 꼭 반승이 열렸다. 불교가 위축된 조선시대에는 민간을 중심으로 재가 명맥을 이었다. 여전히 재는 많고 자주 열린다. 육지와 바다의 온갖 고혼孤魂들을 달래는 수륙재水陸齋, 살아생전에 미리 공덕을 두둑이 쌓아두고 내생來生을 대비하겠다는 '보험' 성격의 생전예수재生前預修齋, 49재의 또 다른 형태로 부처님이 영축산에서 『법화경』을 설법한 영산회靈山會 장면을 재연한 영산재靈山齋가 대표적이다.

결론적으로 불교에는 '재'만 있지 '제'는 없다. 자세히 살펴보면 '제'는 조상의 보이지 않는 도움을 받고 싶다는 일종의 투자에 가깝다. 이와 반대로 재는 철저하게 나를 버리고 비우겠다는 다짐이 먼저다. 아울러 제사상은 여인들의 명절 증후군을 발판 삼아 상다리가 부러질 정도로 차리는 게 원칙이다. 그러나 잿밥은 맨밥이어도 괜찮다! 눈물을 흘리고 있다면. 눈물을 닦아 줄 수만 있다면.

49

108번뇌라는데,
번뇌가 정말 108가지나 되나?

'108'은 불교를 대표하는 숫자다. 많은 불자가 휴대폰 뒷
자리 번호로 '0108'이나 '1080'을 쓰고 싶어 한다. 108번뇌의
108이다. 그만큼 인간의 번뇌가 수없이 많다는 뜻이다. 얼핏
108가지 희로애락을 가리키는 듯하다. 사실 108번뇌는 인간의
감각에서 비롯되는 고민의 총합이다. 우울, 불안, 근심, 공황 등
등 잡다한 감정이 108개라는 뜻이 아니다. 여섯 개의 감각을 6
의 배수로 층층이 쌓아 올린 결과다.

'육근六根'이란 감각기관과 '육진六塵'이란 감각대상이 서로

마주칠 때, '육식'이 발생한다. 육근은 눈·귀·코·혀·피부·생각(안이비설신의眼耳鼻舌身意). 육진은 색깔·소리·냄새·맛·촉감·생각의 대상(색성향미촉법色聲香味觸法)이다. 남성이 젊고 아름다운 여인을 맞닥뜨리면 좀처럼 눈을 떼지 못한다. 반면 꼴불견 앞에서는 잽싸게 고개를 돌리게 마련이다. 또한 길가의 돌멩이를 보면 아무렇지도 않다. 곧 육근이 육진을 만나면 먼저 좋다好·나쁘다惡·그저 그렇다平等는 세 가지 인식 작용(느낌)을 일으킨다.

다시 좋은 것은 즐겁게 받아들이고樂受, 나쁜 것은 괴롭게 받아들이며苦受, 그저 그런 것은 즐겁지도 괴롭지도 않게 방치하는捨受 마음이 생긴다. 미녀는 어떻게든 안고 싶고, 원수는 죽이거나 최소한 피하게 되며, 길가의 돌멩이는 누가 가져가든 말든 개의치 않는다. 육근과 육진의 하나하나가 부딪칠 때 좋고好·나쁘고惡·평등하고平等·괴롭고苦·즐겁고樂·버리는捨 여섯 가지 감정이 나타나는 것이다. 이렇게 6×6=36, 즉 서른여섯 가지의 번뇌가 생겨나게 된다. 이와 함께 36번뇌는 과거에도 현재에도 미래에도 끊임없이 유전한다. 마침내 36에 과거 현재 미래의 3을 곱하여 108번뇌가 만들어지는 얼개다.

또 하나의 셈법은 이보다 난이도가 더 심하다. 견혹見惑인

88개의 번뇌와 수혹修惑인 십혹+惑, 부수적인 번뇌인 십전+纏을 합한 것이라는 설이다. 견혹이란 잘못된 사고·지식·인식 작용에 '혹해서' 생겨나는 번뇌를 뜻한다. '나' 또는 '내 것'이 실재한다고 여기는 신견身見, 사물을 한쪽만 보는 변견邊見, 뿌린 대로 거둔다는 인과因果의 이치를 믿지 않는 사견邪見, 자기가 옳다고 믿는 것에 집착하는 견취견見取見, 싫은 것은 무조건 싫다는 계금취견戒禁取見 등이다. 사실 견혹은 비교적 끊기가 쉽다. 지금 가진 소견이 잘못된 것인 줄만 깨달으면 이내 없어진다.

반면 오랜 수행을 통해서만 결별이 가능한 번뇌가 수혹이다. 태어남과 동시에 따라오는 정서적·의지적·충동적 번뇌다. 탐욕의 탐貪·분노의 진瞋·어리석음의 치癡·나태할 만慢·의심할 의疑 등 다섯 가지다. 이러한 감정이 현상세계와 만나면서 10개의 수혹을 야기한다. 삶이란 동서고금과 왕후장상을 막론하고 싸구려 광대놀이인지 모른다. 끊임없이 욕망하고 성질내고 속고 속이고 찔러보고 찍히고 어물쩍거리고 어슬렁거리다가 끝내는 물거품처럼 사라지고 마는.

생명의 근본적인 한계에 값하는 십전은 다음과 같다. 부끄러워할 줄 모르는 무참無慚, 죄를 저지르고도 당당한 무괴無愧, 질투하고 시기하는 질嫉, 남에게 인색한 간慳, 그러고서 후회할 회

悔, 꾸벅꾸벅 조는 수면睡眠, 마음이 들뜨고 혼란스러운 도거掉擧, 혼미하고 침울한 혼침昏沈, 분노하는 분忿, 이익과 명예를 잃을까 봐 자신의 죄를 감추는 부覆. 십전은 정말로 끊기 어렵다. 평생을 몸에 얽매여 사람을 얽어매야만, 끼니라도 때울 수 있는 게 인간의 숙명이니까.

불교에서는 108번뇌에 특별한 의미를 둔다. 108개의 나무 알을 꿰어 108염주를 만들고, 이를 부지런히 돌리면서 번뇌를 가라앉히고 해탈을 꿈꾼다. 그래서 108배도 한다. 하지만 108개 하나하나의 번뇌를 세어 보는 일은 일견 무의미해 보인다. 번뇌를 세어 보는 일 자체가 번뇌이고, 생각한 만큼이 고통이기 때문이다. 심지어 앞서 살펴본 것처럼 좋지도 나쁘지도 않은 감정마저 번뇌의 씨앗인 법이다. 그럼에도 살아있다면 생각할 수밖에 없는 게 이치다. 이윤을 추구하든 위기를 모면하든, 생각해야만 살아남을 수 있다.

어쩌면 번뇌를 회피하기보다 기꺼이 받아들이는 게 해법이 될 수도 있다. 경기도 안성 활인선원장 대효 스님은 이렇게 말했다. "사람이 지닌 가장 뛰어난 장점은 바로 생각이다. 충분히 생각하고 생각하다 보면 해야 할 일과 하지 말아야 할 일이 분명하게 나뉜다. 생각이 막힐 때 기어이 그 생각을 뛰어넘는 생각을 해냄으로써 더욱 위대한 사람으로 거듭난다." 다들 생각하기가 귀찮으니까 부질없고 말초적인 욕망을 좇거나, 어설프게 생각하니까 상대를 오해하고 비난하는 것이다. 6조 혜능은 "번뇌가 곧 보리(깨달음)"라고 했다. 걸림돌과 디딤돌의 모양은 같다. 인생의 성장은 결국 생각의 성장이다.

어디다 대놓고 묻기 애매한
불교에 관한 사소하지만 결정적인 물음49

초판 1쇄 발행   2016년 10월 20일
초판 3쇄 발행   2020년 7월 16일
지은이   장웅연
그린이   니나킴

펴낸이   오세룡
기획·편집   김영미 유나리 박성화 손미숙 김정은
취재·기획   최은영 곽은영
디자인   김경년
                고혜정 김효선 장혜정
홍보·마케팅   이주하
펴낸곳   담앤북스
                서울특별시 종로구 새문안로3길 23 경희궁의 아침 4단지 805호
                대표전화 02)765-1251 전송 02)764-1251 전자우편 damnbooks@hanmail.net
                출판등록 제300-2011-115호
ISBN   979-11-87362-31-9 (03220)

이 도서의 국립중앙도서관 출판예정도서목록(CIP)은 서지정보유통지원시스템
홈페이지(http://seoji.nl.go.kr)와 국가자료공동목록시스템(http://www.nl.go.kr/kolisnet)에서
이용하실 수 있습니다. (CIP제어번호 : CIP2016023835)

정가 13,000원